Wenn Frommsein krank macht

Ekklesiogene Neurosen und psychische Gefahren christlicher Pädagogik aus der Sicht
einer psychotherapeutischen Praxis

Wynfrith Noll

Redaktion: Socio medico Verlag GmbH

Technische Gestaltung, Satz: Socio medico Verlag GmbH

© by Socio medico Verlag GmbH, D-8033 Planegg

Autor: Mag. theol. Wynfrith Noll

Printed in Germany 1989

Druck: Bartels & Wernitz, München

ISBN: 3-927290-02-5

Inhaltsverzeichnis

Vorwort   5

Die umstrittene Religionspsychologie   6

Der Begriff der ekklesiogenen Neurosen   15

Die Angst vor dem Bösen   23

Krankmachende Gottesbilder   33

Die Negativ-Buchhaltung   41

Therapieversuche bei ekklesiogenen Ängsten   48

Infantil unter einem Vater   55

Die Not mit der Sexualität   70

Klerikale Sexfeindlichkeit   74

Laßt Eure Weiber schweigen   87

Veränderung statt Ende   96

Quellenverzeichnis   97

Angaben zum Verfasser   101

Vorwort

Dieses Buch ist das Ergebnis einer Vorlesungsreihe für Pädagogen und Eltern am Städtischen Bildungszentrum Nürnberg, die ich im Fachbereich Pädagogik zur Verhütung "ekklesiogener Neurosen" in der Erziehung gehalten habe.

Die mehr religionspädagogische Zielsetzung wird vielleicht manche Fallbesprechung dem klinischen Psychologen oder Mediziner unbefriedigend erscheinen lassen. Die Klientel meiner seit über fünfzehn Jahren neben der Tätigkeit als Pfarrer geführten kleinen psychotherapeutischen Praxis ist auch nicht groß und repräsentativ genug, als daß ich endgültig schlüssige Aussagen machen könnte. Dazu kommt, daß manche meiner Patienten selbst eine anonyme Falldarstellung nicht wünschen, worauf der Seelsorger ebenso Rücksicht zu nehmen hat wie der Therapeut. Trotzdem hoffe ich, daß meine Beobachtungen und Vermutungen auch dem Arzt und dem klinischen Psychologen einige Anregung bieten können. Aus diesem Grund wurde weiterführende Literatur, die greifbar ist, reichlich angegeben.

Dank gebührt an dieser Stelle besonders Frau Dr. med. Erdmuthe Idris, die seit vielen Jahren meine Arbeit mit ihrem umfassenden psychologischen und medizinischen Wissen begleitet und korrigiert. Der Pastoralpsychologe braucht den strengen Maßstab der Naturwissenschaften um so mehr, als ihn der theologische Anteil seiner Ausbildung besonders leicht zu Spekulationen und Hypothesen verführt, wie das halt in den Studierstuben der Theologen so üblich ist.

Wynfrith Noll   Nürnberg, Januar 1989

Die umstrittene Religionspsychologie

Ein vorwissenschaftliches religionspsychologisches Denken hat es schon im alten Ägypten und erst recht in der Hochblüte der griechischen Philosophie gegeben, betont der an der Saarländischen Universität lehrende evangelische Theologe Ulrich Mann in seiner "Einführung in die Religionspsychologie" (Mann/1973). Als eigenständige Forschungsdisziplin innerhalb der Geisteswissenschaften existiert eine empirische Religionspsychologie aber erst seit dem ausgehenden neunzehnten Jahrhundert. Frühe bahnbrechende Arbeiten kamen aus den USA, wo Stanley Hall den religiösen Bekehrungsvorgang auf individualpsychologischem Weg untersuchte, während sein Kollege Edwin Starbuck, ebenfalls von der Clark University in Massachusetts, die Funktion des Gehirns und des Zentralnervensystems im Zusammenhang mit religiösen Phänomenen beobachtete.

Gegenüber der mehr statistisch auswertenden Arbeit von Hall und der schon stark psychologisch geprägten Methode von Starbuck beharrte der eigentliche Bahnbrecher der Religionspsychologie, William James, auf dem Weg der phänomenologisch ausgerichteten Erkundung. Von dieser Ausgangsposition her schien es nur mehr ein Schritt zu sein, psychologische Krankheitsbilder, wie sie dem Psychotherapeuten und dem Psychiater unterkommen, auf ihre religiöse Relevanz zu untersuchen. Veröffentlichungen auf diesem Gebiet blieben aber noch lange Zeit spärlich. Bis heute haben sie nur schwachen Einfluß auf die Pastoralpsychologie der theologischen Fakultäten und auf die praktische Arbeit der Tiefenpsychologen und Psychoanalytiker. Noch weniger interessiert sich die "Schulpsychologie" der deutschen Universitäten für die Fragestellungen der Religionspsychologie.

Schuld daran tragen nicht zuletzt die erbitterten Widerstände kirchlicher Amtsträger verschiedener Konfessionen, vor allem aber der römisch-katholischen Glaubensgemeinschaft. Im Protestantismus bekämpfte allerdings nur eine Minderheit, nämlich die Gruppe der dialektischen Theologen und die nicht mehr in den wissenschaftlichen Raum gehörende fundamentalistische Frömmigkeitsbewegung, erbittert jeden "Psychologismus" in der kirchlichen Arbeit. Um so lauter war ihr Protest, der manchmal angesichts recht seltsam anmutender Auswüchse übereifriger kirchlicher "Laien-Psychologen" nicht ganz unberechtigt erschien. Im Anschluß an die Arbeiten von Ernst Troeltsch bringt schon vor Beginn des Ersten Weltkriegs Georg Wobbermin (Wobbermin/1913), angeregt durch Edmund Husserls phänomenologische Fragestellungen, in die Untersuchung des "Phänomens Religion" auch deren transzendentalen Charakter mit ein. Obwohl mehr der experimentellen Richtung verbunden, wird Wilhelm Stählin zum deutschen Großmeister evangelisch geprägter wissenschaftlicher Religionspsychologie.

Von dem international berühmten ökumenischen Theologen Nathan Söderblom angeregt, wird auch der deutsche Protestant Friedrich Heiler zu einem Wegbereiter religionspsychologischen Denkens (Söderblom/1926; Heiler/1969).

Ausgerechnet die durch Rudolf Karl Bultmann von der Marburger Universität vertretene existentialphilosophische und religionswissenschaftliche Theologie mit ihrem Versuch der Entmythologisierung ließ vor Beginn des Zweiten Weltkrieges die protestantische Religionspsychologie schwer verkümmern. So konnte sie sogar von der römisch-katholischen Forschung auf kurze Zeit überholt werden.

Dieser kam wohl die politische Situation des sogenannten Dritten Reiches zugute – ließ sie doch allzu starke Eingriffe des römischen päpstlichen Lehramtes in den Wissenschaftsbetrieb deutscher katholischer Fakultäten als nicht opportun erscheinen. Auch war die in dieser Glaubensgemeinschaft übliche stark statistisch ausgerichtete Methode, die schon seit der Jahrhundertwende von der Universität Würzburg und ihrer Schule propagiert wurde, den italienischen Prälaten nicht so suspekt, wie alle Versuche, psychoanalytisches oder tiefenpsychologisches Gedankengut in die religionspsychologische Forschung mit einzubringen.

Mit der Enzyklika "Pascendi" von Pius X., welche die "privata experientia" und den "Symbolismus" verurteilte, wurde zwar der Bannstrahl des römischen Papstes gegen die Religionspsychologie geschleudert, er erwies sich aber wie so viele päpstliche Lehräußerungen auf die Dauer nicht als wirksam. Es erinnert ein wenig an die zum Schmunzeln verleitende posthume Rehabilitation des Galileo Galilei im 20. Jahrhundert, wenn Paul VI. im Jahr 1965 dem Vorsitzenden der "Gesellschaft für Religionspsychologie" Anerkennung und Ermunterung für dieses Forschungsgebiet aussprach. Seither ist – theoretisch gesehen – religionspsychologisches Arbeiten auch in der römisch-katholischen Theologie amtlich zugelassen.

In die Praxis der römisch-katholischen Seelsorge in der Bundesrepublik ist die Religionspsychologie noch nicht sehr weit vorgedrungen. Ein Hauptgrund mag in der alarmierenden Überalterung der deutschen Amtsträger zu suchen sein. Der Nachwuchs an Priestern deckt mit jährlichen Neuzugängen kaum ein Zehntel des Bedarfs. Zudem sind sehr viele der älteren Seelsorger gar nicht an Universitäten ausgebildet worden, sondern an sogenannten Philosophisch-Theologischen Hochschulen und in Priesterseminaren, die keinen Zugang zu Vorlesungen anderer Fakultäten boten und auch bezüglich ihrer eigentlich theologischen Qualifikation sehr oft weit unter Universitätsniveau blieben. Eine Ausnahme hiervon macht allerdings schon seit langer Zeit die Ausbildung katholischer Ordenspriester (so vor allem der Jesuiten, Benediktiner, Salesianer und Dominikaner) und die Ausbildung der österreichischen Geistlichen.

Bei den Ordensgeistlichen ermöglichen die finanzielle Hilfe und die Aufgabenstellung vieler Klöster solide und in mehreren Fakultäten beheimatete Universitätsausbildung. Der österreichische Klerus zehrt in bezug auf die Wissenschaftsfreundlichkeit seiner theologischen Ausbildung noch immer von den Reform-Erlassen des antirömisch gesinnten Kaisers Joseph II., der von seinem jansenistischen Leibarzt theologisch stark beeinflußt worden war.

Auch wenn den Reformen des Kaisers im achtzehnten Jahrhundert kein bleibender Erfolg beschieden war, existiert doch bis heute in der österreichischen Theologie eine sehr große Bereitschaft zur Kommunikation mit anderen Fakultäten, wie sie zum Beispiel in den Salzburger Hochschulwochen zum Ausdruck kommt. So wurde dort manche im neunzehnten Jahrhundert "ultramontan" genannte Engführung des Denkens durch den Kampf der Päpste gegen den verhaßten und gefürchteten "Modernismus" in ihrer Wirkung eingeschränkt. Auch macht sich in diesem Land der starke Einfluß der Benediktiner und Jesuiten auf die Universitäts-Theologie positiv bemerkbar.

Doch besteht die wohl größte Behinderung religionspsychologischer Arbeit im Ausbruch der religiösen Krise aller christlicher Konfessionen in Europa seit dem Ende des Ersten Weltkrieges. Die Theologen richten ihr Augenmerk im Bereich der praktischen, also der angewandten Theologie, auch Pastoraltheologie genannt, mehr auf die Fragen des Erhaltens ihrer "Volkskirchen". Als "Volkskirche" verstehen sie z.B. auch in der Bundesrepublik die seltsame Tatsache, daß zwar über 90 Prozent der Bevölkerung einer der beiden großen Kirchen angehören und als Mitglieder derzeit jährlich über elf Milliarden DM Kirchensteuern zahlen, daß aber nur mehr ein Drittel der bundesdeutschen Erwachsenen an ein Leben nach dem Tode glaubt und mehr als die Hälfte der Bevölkerung annimmt, der Einfluß der Kirchen auf unser Leben gehe zurück (ZDF/1988).

Ergänzend zu dieser 1986 durchgeführten und von dem Pastoraltheologen der Universität Wien Paul Michael Zulehner be-

9

ratend begleiteten soziologischen Studie darf ich aus einer von mir 1965 geleiteten Studie einige Vergleichszahlen nennen. Damals glaubten noch 51 Prozent der bundesdeutschen Erwachsenen an ein Weiterleben nach dem Tod. Damals spielten 9 Prozent der Protestanten und 5 Prozent der römischen Katholiken mit dem Gedanken, aus ihrer Kirche auszutreten, 1986 waren es bereits 25 Prozent der Protestanten und 15 Prozent der römischen Katholiken.

Trotz dieses Rückgangs des Glaubens verteidigen beide Großkirchen die in der Bibel nicht begründete Säuglingstaufe, die jedes Neugeborene automatisch zum Mitglied und später zum Steuerzahler einer Kirche macht, und die auch von den nur mehr formell der Kirche angehörenden Eltern fast immer gewünscht wird. Einzelne Geistliche, die sich aus Gewissensgründen gegen eine solche Praxis wandten, wurden in beiden Kirchen sehr schnell aus dem Schul- oder Seelsorgedienst entlassen.

Trotz dieser schon seit einem halben Jahrhundert zu beobachtenden Abwendung vor allem der Arbeiter und der Akademiker von den Kirchen haben deren Führungskräfte lange Zeit ihre Hoffnung mehr auf den missionarischen Eifer ihrer Mitarbeiter gesetzt, als auf eine wissenschaftlich nüchterne religionspsychologische Analyse der Hintergründe. Erst als in den letzten Jahrzehnten die Austrittszahlen alarmierend anstiegen, suchten die Kirchenoberen mehr Kontakt zu Soziologie und Religionspsychologie. Letztere war inzwischen zum Teil sehr weit aus dem kirchlichen Bereich ausgewandert.

Je mehr sich aber die Religionspsychologie aus der Nachbarschaft der Theologie entfernte und sich der Völkerpsychologie und der vergleichenden Religionswissenschaft annäherte, desto eher konnte sie auch in tiefenpsychologischer Richtung arbeiten, wofür zu Beginn unseres Jahrhunderts Sigmund Freud mit seinen Werken "Totem und Tabu" und "Der Mann Moses und die monotheistische Religion" sowie im Zweiten Weltkrieg Carl Gustav

Jung mit der Schrift "Die Psychologie der Religion" den Weg wiesen.

Näher an dem Denken und Fragen der Theologie blieb nur ein Spezialfach der Religionspsychologie, die Pastoralpsychologie, die sich mehr und mehr als moderne Form der Seelsorge mit entsprechendem psychosomatischem Wissen und tiefenpsychologischem Handwerkszeug darstellt. In Europa sind hier vor allem Oskar Pfister, neuerdings Dietrich Stollberg, Richard Riess auf evangelischer und Heinrich Pompey sowie mein verehrter Lehrer Gottfried Griesl auf katholischer Seite zu nennen. Selbstverständnis und Rezeption der Pastoralpsychologie befinden sich in beiden großen Kirchen noch in der Entwicklungsphase. Aus traditionellen theologischen Lagern werden sie angefeindet.

Dennoch kann der Kieler Ordinarius für evangelische praktische Theologie Joachim Scharfenberg – selbst ausgebildeter Psychoanalytiker – bereits 1972 von einer "fast explosionsartig erfolgten Entdeckung der Psychoanalyse in ihrer Bedeutung für Theologie und Christentum" sprechen (Zahrnt, Hrsg./1972).

Sein römisch-katholischer Kollege Albert Görres hat mit Erfolg von seinem Münchner Lehrstuhl aus Fachleute von der nützlichen Vereinbarkeit der Tiefenpsychologie und der Theologie zu überzeugen gewußt. Bei den geistlichen Amtsträgern seiner Konfession findet er aber nur teilweise die verdiente Aufmerksamkeit. In diesem Zusammenhang möchte ich auch die mutigen Arbeiten meiner Lehrer an der Universität München, Richard Egenter und Fritz Leist, nicht unerwähnt lassen. Beide haben im Bereich katholischer Theologie verdienstvolle Aufklärungsarbeit geleistet. Während Egenter gerade seine von der Pastoralpsychologie beeinflußten moraltheologischen Vorlesungen nicht alle in Druck gab, mußte Leist kurz vor seinem Tod üble Beschimpfungen durch die römisch-katholische Kirchenpresse und einzelne eifernde Religionsdiener erdulden, als er Fallbeispiele aus seiner psychotherapeutischen Praxis über das Thema "Der sexuelle Notstand und die Kirchen" (Leist / 1972) gedruckt veröffentlichte.

Für unsere Fragestellung bezüglich der Entstehung bzw. der Heilung und der pädagogischen Verhütung ekklesiogener Neurosen empfiehlt sich als Ausgangspunkt eher ein zu den Religionsgemeinschaften in wohlwollender Distanz stehender religionspsychologischer Standpunkt. Eine zu sehr dem Ziel seelsorglicher Nützlichkeit verhaftete pastoralpsychologische Ansicht ist weniger geeignet. Gilt es doch anhand einiger Fallbeispiele ohne große Emotionen zu untersuchen, ob und inwieweit religiöse Erziehung neurotisieren kann. Umgekehrt erfordert aber gerade solches Fragen nicht nur Kenntnisse der evangelischen und katholischen Theologie, sondern auch der unwissenschaftlichen Volksfrömmigkeit.

Einzelne Fallbeispiele, wie sie in der Praxis eines Psychotherapeuten auftauchen, werden immer nur lückenhafte Informationen vermitteln. Gelegentlich dürfte es sich auch um unausweichliche seelische Entwicklungen handeln, die man nicht mit religiösen Mißverständnissen vermengen darf. Zweck dieser kleinen Sammlung ekklesiogener Neurosen ist ja auch nicht die Vollständigkeit eines Lehrbuches oder die Überparteilichkeit einer wissenschaftlichen Synopse. Auch als Kampfinstrument gegen Religiöses oder gegen einzelne Kirchen eignet sich die Sammlung nicht. Große Verdienste gerade der christlichen Kirchen, ihrer Diakonie und Caritas auf dem Gebiet der Humanität bleiben unbestritten. Falls aber auch Sakrosanktes gelegentlich krank machen sollte, müssen Mediziner, Psychologen und Pädagogen die Frage nach dem Wie und Warum stellen dürfen.

Der Arzt und Psychologe, der sich mit dem Unbewußten therapeutisch befassen will und das Unbewußte seiner Patienten möglichst ganzheitlich erfassen muß, braucht dazu religionspsychologische Denkansätze, selbst wenn er persönlich die religiöse Überzeugung des Patienten nicht teilt. Das Verstehen von Religion als einer Gesamtstruktur von Verhaltensmustern, als Kulturmuster eines bestimmten Status und als Referenzrahmen für individuelle Wahrnehmung dürfte für den Psychoanalytiker nicht weniger wichtig sein als für den Verhaltenstherapeuten.

Ich versuche daher im Zusammenhang mit der Darstellung einzelner neurotischer Erkrankungen den vermutlich religiösen bzw. kirchlichen Hintergrund dieser Phänomene aufzuweisen, und zwar durch Hinweise auf die jeweilige Lehre und Praxis der betreffenden Kirche. Es hängt sicher sehr von der angewandten Therapieform und dem Arbeitsstil des Arztes oder Psychotherapeuten ab, ob er über den religiösen Hintergrund seiner Patienten mit diesen sprechen kann und will. Aber gerade wo eine offene Aussprache nicht möglich erscheint, muß um so mehr darauf geachtet werden, religiöses Denken des Patienten weder durch Ignoranz zu verletzten, noch aufgrund der eigenen, davon abweichenden Weltanschauung in seiner Bedeutung zu unterschätzen.

Die Forderung absoluter weltanschaulicher Neutralität in Psychoanalyse und tiefenpsychologischer Therapie ist freilich auch insofern nicht völlig erfüllbar, als in allen unseren Aussagen über die "Psyche" Rudimente jüdischen, christlichen und vor allem griechischen Denkens zu finden sind. Darüber hinaus ermuntert aber auch eine praktische Beobachtung des Psychoanalytikers und Theologen Joachim Scharfenberg zur Auseinandersetzung des Arztes und des Psychologen mit der christlichen Weltanschauung seines Patienten (Scharfenberg/1985). Er weist auf religiös symbolisierte Übertragungsphänomene vieler Patienten hin, die nach seiner Ansicht eine besondere Kategorie der Übertragung darstellen und dem Therapeuten – wenn er sie recht versteht – eine weitere Möglichkeit der Kommunikation mit dem Unbewußten des Patienten ermöglichen.

In seinem sehr lesenswerten Buch "Religiöse Neurosen" schreibt der Referent für Ehe- und Erziehungsberatung im Diakonischen Werk der Evangelischen Landeskirche Baden, Helmut Hark: "Neben einer zehnjährigen Erfahrung in der Seelsorge und im Gemeindepfarramt übe ich ferner seit zehn Jahren Psychotherapie aus. In beiden Bereichen konnte ich erfahren, wie vielschichtig das Glaubensleben mit dem Seelenleben zusammenhängt und wie die Störungen in einem Bereich den anderen beeinträchtigen."

Nach Ansicht Harks sind sich noch immer viele Christen im unklaren über die Beziehung zwischen Neurose und Religion. Wenn ein seelisch Kranker dann einen Seelsorger um Rat fragt, der nicht in Tiefenpsychologie geschult ist, "werden die Verstrickungen zwischen dem Seelenleben und dem Glaubensleben kaum erkannt. Ähnlich geht es leider auch den unzähligen Christen, die einen Psychotherapeuten aufsuchen und bei ihm auch Verständnis für ihre religiösen Nöte erhoffen" (Hark/1984).

Der Begriff der ekklesiogenen Neurosen

"Ich lade Sie ein, zu kommen und die Scharen von Opfern einer falschen christlichen Erziehung zu sehen, woran die Kirche freilich wieder nicht als Institution schuld ist, sondern die Eltern die Ursache dafür sind. Aber die Kirche als Autorität müßte hier einen Gesinnungswandel herbeiführen!" (Ringel/1978). Diese leidenschaftliche Anklage stammt von dem in der Suizidprophylaxe hoch verdienten Arzt und Psychotherapeuten Erwin Ringel, der sich selbst als "Christen und Katholiken" sieht.

Der Gynäkologe und Psychotherapeut Eberhard Schaetzing, der den von ihm geprägten Begriff der "ekklesiogenen Neurose" erstmals 1955 in der Zeitschrift "Wege zum Menschen" veröffentlichte, ahnte nach eigenen Aussagen damals nicht, welche Popularität dieser Terminus in Zukunft bekommen sollte. Dem Frauenarzt begegneten immer wieder Erkrankungen der Sexualorgane, funktionelle Sexualstörungen und Partnerschaftsprobleme, die den Verdacht der Ekklesiogenese nahelegten.

Dabei wirkte sich seit Jahrhunderten die durch das Christentum geförderte Prüderie und Geschlechtsfeindlichkeit weit über den Rahmen der Kirche hinaus aus; das zeigt der Religionspädagoge der katholisch-theologischen Fakultät der Universität Tübingen Wolfgang Bartholomäus in seinem Werk "Glut der Begierde – Sprache der Liebe" (Bartholomäus/1987) auf. Zwar setzte sich die Sexualpädagogik der philanthropischen Pädagogen und Mediziner von den Kirchen bewußt ab, doch sie verstand die Befreiung des Kindes von kirchlicher Ethik nur in den ebenso engen Grenzen der bürgerlichen Sexualmoral. Beispielhaft ist ihr Kampf gegen die Selbstbefriedigung der Jugendlichen. Seinerzeit bemerkt der aufgeklärte Priesterzögling und Philosoph Jean-Jacques Rousseau, er wolle seinen Emile lieber in den Armen einer Frau als in "den Fängen der Selbstbefriedigung" sehen, denn der Frau könne er ihn entreißen, der Selbstbefriedigung nicht. Hat sich hier viel geändert? Immerhin ist heute unbestritten, daß auch eine solche Einstellung zur sexuellen Entwicklung eines jungen Menschen auf diesen neurotisierend wirken muß. So ist es heute wie damals auf diesem Gebiet schwierig, Grenzen zwischen ekklesiogen entstandenen und auf bürgerlicher "Wohlanständigkeit" beruhenden Neurosen zu ziehen.

Die Angstneurose als Folge religiöser Erziehung hat zu Ende des Zweiten Weltkrieges der protestantische Pfarrer und Tiefenpsychologe Oskar Pfister beschrieben (Pfister/1944) und dabei auf die Studie Freuds über Zwangshandlungen und Religionsausübung (Freud/1907) hingewiesen. Zu Schaetzings Terminus nahm noch 1955 der im evangelischen Raum tätige Theodor Bovet Stellung; bald übernahm ihn auch der Arzt und Pfarrer Klaus Thomas, und der Katholik Albert Görres schrieb 1966 ein einschlägiges Werk über die Pathologie des katholischen Christentums (Görres/1966).

Der in der Fortbildung kirchlicher Mitarbeiter tätige katholische Pastoraltheologe Hermann Stenger von der Universität Innsbruck versucht im "Praktischen Wörterbuch der Pastoral-Anthropologie" (Gastager u.a./1975) den Begriff der "ekklesiogenen Neurose" in Frage zu stellen, indem er ihn "wissenschaftlich unzulänglich" nennt. Dabei wird nicht deutlich, welche Wissenschaft er für dieses Urteil heranzieht. Wenn er den kritischen Hinweis Theodor Bovets zitiert, daß der Einfluß der späteren Erziehung für die Entstehung von Neurosen nicht überschätzt werden dürfe, übersieht er ja gerade die von Erwin Ringel bestätigte Tatsache, daß kirchliche Neurotisierung nicht immer direkt, sondern auch und gerade über kirchlich beeinflußte Eltern, Großeltern und Erzieher in Kindergärten und Heimen bewirkt wird. Stenger muß auch im gleichen Lexikon-Artikel einräumen, daß sich im Raum seiner Kirche sehr wohl gewisse religiöse Einstellungen auswirken – ebenso wie die Erziehung durch affektiv unreife Seelsorger und Religionslehrer. Auch er betont, daß die Neurosen solcher Amtsträger in anderen Menschen "psychisch negative Folgen" hervorrufen können. Erwin Ringel drückt das etwas konkreter aus, wenn er sagt: "Die Kirche neurotisiert, indem sie in den Eltern Gesetze aufbaut, die dann neurotisierend wirken. Zum Beispiel: Ein Vater und eine Mutter, die dem sexuellen Bereich infolge religiöser Problematik befangen gegenüberstehen, werden das Kind neurotisieren. Das muß mit aller Schärfe ausgedrückt werden. Das Sexuelle ist aber nur ein Beispiel. Ein anderes ist wenigstens ebenso wichtig. Wer das vierte Gebot, wer den Begriff Gehorsam aus religiösen Gründen falsch versteht, wer das Gefühl aufgrund einseitiger rationaler Erwägung unterdrückt, wer sich dazu verpflichtet fühlt, dem Kind ein Gewissen anzuerziehen, welches starr, überstreng und eng ist, der schädigt das Kind ein Leben lang im neurotischen Sinn. Und diese psychisch negative Wirkung kann über die Eltern, sie kann aber auch über frühen Religionsunterricht erfolgen. Sie müssen dabei natürlich bedenken, daß die ersten sechs Lebensjahre die entscheidenden sind. Ein falscher Religionsbegriff, ob vermittelt von den Eltern oder später von den Vertretern der Religion, kann neurotisieren" (Ringel/1978).

Nun wird natürlich das, was Ringel einen "falschen Religionsbegriff" nennt, sicher sehr schnell zum Streitpunkt zwischen Psychologie und Pädagogik auf der einen und Theologie auf der anderen Seite. Besondere Schwierigkeiten kann hier der naturwissenschaftlich denkende Arzt haben, dem geisteswissenschaftliche Arbeitsweise nicht geläufig ist. Aber auch zwischen den Theologen der verschiedenen Konfessionen und wiederum der verschiedenen Denkrichtungen innerhalb einer Konfession kann über falsch und richtig bezüglich der Religionsbegriffe endlos gestritten, dogmatisiert und exkommuniziert werden.

Der evangelische Pfarrer und Psychologe Hans Schär (Schär/1961), der eine Annäherung der Psychotherapie an die Seelsorge durchaus begrüßt, äußert Bedenken: "Die Beschäftigung der Psychotherapeuten mit der Religion wirft doch einige Probleme auf. So haben die moderne Psychologie und die

Psychotherapie eine sehr große Menge von religions-psychologischen Untersuchungen hervorgebracht. Doch zeigen viele von ihnen – nicht alle – daß ihren Verfassern elementare Erkenntnisse der Theologie, insbesondere der historisch-kritischen, nicht bekannt sind. Über das Christentum und die Religionen überhaupt liegt heute so viel Wissen vor, daß eine Freizeitbeschäftigung nicht mehr ausreicht, um gründliche wissenschaftliche Kenntnisse davon zu gewinnen. Darum ist die Einbeziehung der Religion, und zwar sowohl des Christentums wie der außerchristlichen Religionen in die psychotherapeutische Praxis teilweise gefährlich und fragwürdig. Der nicht ärztlich Gebildete, der sich medizinische Aussagen und Handlungsweisen anmaßt, übt nach allgemeiner Auffassung Kurpfuscherei. Wenn aber der psychotherapeutisch arbeitende Arzt bedenken- und hemmungslos religiöse Anschauungen und Gegebenheiten in seiner seelenärztlichen Praxis verwendet, begibt er sich ebenfalls auf ein Gebiet, wo ihm nach wissenschaftlichen Maßstäben ein Urteil nicht ohne weiteres zukommt."

Derartige wissenschaftliche Grenzüberschreitungen finden sich in Schriften sowohl von Carl Gustav Jung als auch von Sigmund Freud; sie bestätigen Schärs Bedenken. Doch sind solche Bedenken noch zeitgemäß? Sie entstammen schließlich dem sich bescheidenden, auf die eigene Fakultät sich einengenden Denken der Lehrer meiner lange zurückliegenden Hochschulzeit. Nach dem größenwahnsinnigen Omnipotenz-Gehabe des Dritten Reiches und seiner Lakaien machte es auf mich in den fünfziger Jahren einen ungeheuren Eindruck, wenn selbst die Berühmten unter meinen akademischen Lehrern an den Grenzen ihres Lehr- und Forschungsauftrages auf die Zuständigkeit eines Kollegen hinwiesen.

Inzwischen haben wir aber in vielen Bereichen der Natur- und Geisteswissenschaften – und in der Medizin vor allem auf dem Gebiet der Psychosomatik – gelernt, daß Grenzen nicht nur da sind, um geachtet und gemieden zu werden, sondern daß gemein-

18

same Grenzübergänge und Kontakte von Fakultät zu Fakultät absolut notwendig sind, damit Welt und Menschen ganzheitlich gesehen werden können.

Auch die Theologie hat sich in den letzten zwanzig Jahren erheblich gewandelt. Sie würde heute wohl für sich selber nicht mehr so ohne weiteres in Anspruch nehmen, was Schär 1961 noch dem Arzt auf theologischem Gebiet abspricht: ein Urteil nach wissenschaftlichen Maßstäben.

In der Tat dürfte heute weder der Seelsorger im Rahmen seiner pastoralpsychologischen Tätigkeit noch der Arzt bei pastoraltherapeutischen Gesprächen sich ein Urteil über den Glauben seines Klienten anmaßen.

Was aber Seelsorger und Psychotherapeut tun können, ist, unter Verzicht auf eigene Urteilssprüche und dogmatische Belehrungen auf den Ist-Stand theologischer Forschung hinzuweisen und den Klienten zum eigenen Nachdenken und Nachfragen im Bereich seiner Weltanschauung oder Konfession anzuregen.

So wie sich im Zeitalter psychosomatischer Forschung Arzt und Psychologe mehr und mehr zuarbeiten müssen, sollte der Arzt und Psychologe auch Theologen der verschiedensten Richtungen kennen und nennen können, die nicht bekehren und eifern, sondern Auskunft aus ihren Fachgebieten geben wollen, um dem religiös gebundenen Klienten eigene Entscheidungen im Rahmen seiner Gewissensfreiheit zu ermöglichen.

Der Münchener Religionsphilosoph Eugen Biser hat erst unlängst für seine römisch-katholische Kirche in dieser Hinsicht eine energische Korrektur gefordert (Biser/1985). Die katholische Theologie – so Biser – habe den Glauben zu ihrer alleinigen Lehre gemacht. Dabei entging ihr, wie sie neben einer mehr und mehr nur noch naturwissenschaftlich ausgerichteten Psychologie ihre Funktion als Begleiterin zu einem gesunden Seelenleben verlor;

für die meisten Menschen wurde sie überflüssig. Auch die katholische Theologie müßte die verlorene Dimension einer auf psychische wie psychosomatische Heilung bedachten außermedizinischen Wissenschaft wiederfinden.

Der Katholik Biser erneuert für seine Religionsgemeinschaft, was Dietrich Stollberg schon seit zwanzig Jahren in die protestantische Seelsorgepraxis einzubringen sucht. Indem er eine bessere Ausbildung der evangelischen Pfarrer fordert, betont Stollberg: "Seelsorge ist gleichsam automatisch therapeutisch relevant, wenn sie konkret wird. Da es in der Seelsorge aber um Freud und Leid, Konflikte und Probleme geht, die im Gespräch bearbeitet werden, gehört die therapeutisch relevante Seelsorge zweifellos auf die Seite der psychotherapeutischen und nicht auf die Seite der somatotherapeutischen Verfahren" (Stollberg/1978).

Was Eugen Biser und Dietrich Stollberg über die Zielsetzung und die Auswirkung seelsorglicher Tätigkeit festschreiben, muß allerdings zu heftiger Kritik an der Ausbildung vieler Seelsorger beider Großkirchen führen – von den Missionaren und Predigern kleiner Glaubensgemeinschaften ganz zu schweigen! Vier oder fünf Studienjahre an einer Universität, in denen Pastoralpsychologie kaum zu den Pflichtfächern und nirgends zu den stundenreichen Kernfächern gehört, sind angesichts der Fülle psychologischen, vor allem tiefenpsychologischen und psychosomatischen Wissens dann einfach zu wenig. Auch die anschließenden Praxisjahre unter Anleitung eines älteren Pfarrers können da nicht genügen, wo dieser mangels Ausbildung weder seine eigene Seelsorgearbeit noch die anderer Amtsbrüder pastoralpsychologisch genügend reflektieren kann.

In den orthodoxen Ostkirchen hat man seit vielen hundert Jahren beispielsweise die Ohrenbeichte – nicht wie im Westen als einen quasi richterlichen Akt, sondern – als seelenärztliches Handeln gesehen. Da es auch an Universitäten und kirchlichen Hochschulen dieses ältesten Teiles der christlichen Kirche keine Ausbildung in Psychologie für Priester gibt, wird dort die Erlaubnis zum Abnehmen der Ohrenbeichte nur älteren, im Leben schon sehr erfahrenen Priestern erteilt (Suttner/1972).

Der weithin bekannte katholische Psychoanalytiker Albert Görres, der sich seiner Kirche sehr verbunden weiß, urteilt daher in seinem Beitrag im Handbuch der Pastoraltheologie (Görres/1966) über die Ergebnisse ungenügend vorbereiteter Seelsorge:

"Das Christentum, vor allem der Katholizismus, verdirbt den Charakter und bedroht die Menschlichkeit des Menschen. Christliche Lebenslehre und Erziehung machen den Menschen untüchtig, unfroh, neurotisch, dumm und böse oder doch unglücklicher, unintelligenter und kränker als notwendig. Wo diese These weniger radikal formuliert wird, nimmt man doch als feststehend an, daß Christen sich von Nichtchristen in ihrem ethischen Gesamtniveau, in der Treue gegen das im Gewissen verbindlich Erkannte, in ihrer seelischen Geordnetheit und Gesundheit, in Gerechtigkeit, Güte und Verläßlichkeit nicht spürbar unterscheiden."

In seinem leider viel zu wenig beachteten Werk "Psychoanalyse christlicher Glaubenspraxis" schreibt der katholische Heidelberger Religionspädagoge Norbert Scholl, der noch öfter zu zitieren sein wird: "Es gibt fast kein neurotisches Symptom, das nicht in irgendeiner Weise unter den vielfältigen Formen christlicher Glaubenspraxis sich tarnen und verbergen kann. Und umgekehrt: Es gibt so gut wie keine Störungen im religiösen Bereich, die nicht auch andere Daseinsbereiche des Menschen in Mitleidenschaft ziehen könnten" (Scholl/1980).

Ich kann daher Hermann Stenger nicht beipflichten, wenn er den Begriff der "ekklesiogenen Neurose" als "nicht streng wissenschaftlich" kritisiert und eine "verallgemeinernde Anwendung" sogar schon innerhalb des Fachgebietes von Eberhard Schaet-

21

zing, nämlich in bezug auf die Entstehung von Frigidität, Potenzstörungen und Homosexualität ablehnt. Ich bin im Gegensatz
dazu der Ansicht, daß man den von Schaetzing eingeführten Terminus überall dort anwenden muß, wo – um Görres zu zitieren –
Menschen durch christliche Lebenslehre und Erziehung neurotisch oder kränker als notwendig gemacht wurden.

Stengers Hinweis, daß sich das Adjektiv "ekklesiogen" auf eine
schwer faßbare kollektive Größe beziehe, spiegelt eher die seit
dem zweiten Vatikanischen Konzil erheblich verstärkte Unsicherheit in der katholischen Dogmatik wider, was denn eigentlich Kirche sei. Einmal ist es nach den Lehraussagen der römisch-
katholischen Kirche nur die Gemeinschaft der Gläubigen, die den
römischen Papst als ihr unfehlbar lehrendes Oberhaupt aner-
kennt. Dann wieder wird in katholischer Dogmatik die Gemeinschaft aller Getauften so bezeichnet. Mir scheint, daß man immer
dann von "ekklesiogener Neurose" sprechen muß, wenn kirchliche Lehre und Praxis – wie immer sich auch eine der Kirchen
selbst versteht – erheblich an der Entstehung typischer Neuro-
senformen beteiligt sind oder wenn die Behandlung solcher Neurosen durch religiös verbrämten Widerstand erschwert wird.

Die Angst vor dem Bösen

Als Eberhard Schaetzing 1955 den Terminus der "ekklesiogenen Neurose" erstmals veröffentlichte, dachte er vor allem an die bei seinen Patientinnen beobachteten sexuellen Dysfunktionen. Diese Beobachtungen haben auch heute noch nichts von ihrer Bedeutung eingebüßt. Aber wir sind hellhöriger geworden und möchten daher heute noch eine ganze Reihe anderer neurotischer Störungen als "ekklesiogen" bezeichnen; Symptome, die teils gar nicht als Erkrankungen erkannt werden und deshalb vom Patienten dem Arzt nicht geschildert werden, und teils als seelsorgerliche Probleme nur mit einem konfessionellen Religionsdiener besprochen werden, dessen mangelhafte Ausbildung oder enge religiöse Einstellung nie eine helfende Diagnose ermöglicht.

In seinem Werk "Sex in History" schreibt der Psychoanalytiker Gordon Rattray Taylor, der sich auch als Historiker einen Namen gemacht hat: "Unseligerweise zeigen herausragende Figuren der Kirchengeschichte Spuren psychischer Unausgeglichenheit – Neurosen nach unserem Sprachgebrauch. Und genau diese Figuren haben häufig die Politik der Kirche beeinflußt. Manche Leser können das hier entstehende Bild klerikaler Führung für einseitig halten. Ich betone jedoch, daß innerhalb der Kirche zu allen Zeiten viele Männer mit stabilerem seelischem Gleichgewicht ein normaleres Leben lebten und weniger extreme Ansichten vertraten als jene, die ich beschreiben muß. Rein zahlenmäßig bildeten sie zweifelsohne die Majorität, nur daß ihr Einfluß auf die Geschichte schwächer war. Wenn ich also von der Kirche spreche, beziehe ich mich ausdrücklich auf den Teil des Klerus, der den Ton angab und die Politik der Kirche bestimmte, und nicht auf die ganze Körperschaft" (Taylor/1953).

Wie schon wenige Neurotiker in kirchlichen Spitzenpositionen ganze Zeitalter vergiften können, zeigt der katholische Kirchenhistoriker der Universität Bamberg, Georg Denzler, am Beispiel der unmenschlichen Hexenverbrennungen auf. In einer Kirche, die ursprünglich in der Welt der Griechen, Römer und Germanen jede Art von Zauberei und Hexerei als Unsinn bekämpfte, drängte sich dieser Unsinn vermittels klerikaler Projektionen immer mehr in den Mittelpunkt kirchlichen Handelns. Theologen wie Augustinus und Thomas von Aquin bereiten in ihren Schriften über den Pakt der Menschen mit dem Teufel der Hexenverfolgung den Boden. Der Dominikaner Institoris veröffentlicht sein kirchenrechtliches Buch "Malleus maleficarum" (Hexenhammer), das in der Folge von unzähligen dümmlichen Klerikern (und stets mit kirchlicher Druckerlaubnis) gelesen und in der Seelsorge angewandt wird. Schon bis 1525 zieht die Veröffentlichung des Neurotikers Institoris 47 kirchenamtliche Erlasse und Bullen der päpstlichen Kirche nach sich. Deren beschämendstes Dokument ist die sogenannte Hexenbulle "Summis desiderantes affectibus" des Papstes Innozenz VIII. von 1484 (Denzler/1988).

Der Mord an vielen tausenden unschuldiger Frauen und Männer, der dieser ekklesiogenen Neurose anzulasten ist, wird als zeitbedingte Entgleisung bis heute in der kirchlichen Unterweisung verharmlost, und wenn für die Gegenwart Schädigungen aufgezeigt werden, die neurotische religiöse Meinungsmacher anrichten, reagieren diese mit gleicher Aggressivität wie die Inquisitoren des Mittelalters und der frühen Neuzeit. Weil es Scheiterhaufen heute nicht mehr gibt, versuchen solche Leute hauptsächlich Ruf- und Berufs-Schädigung. Sie hat schon manchen so Verfolgten bis an den Rand seiner wirtschaftlichen Existenz gebracht.

Allen diesen Neurotikern gemeinsam ist, daß sie ständig ein Feindbild brauchen. In ihren Veröffentlichungen findet man besonders häufig die Begriffe "Kampf", "Schutz", "Verteidigung", "Gefahr". In erster Linie werden andersdenkende und andershandelnde Menschen bekämpft; dahinter aber stehen als übergeordnete Feindbilder dann meist "der Teufel" und "die Hölle", in deren Diensten Andersgläubige oder Nichtgläubige sich ganz selbstverständlich befinden.

24

Sich selbst sehen diese Patienten als stets verfolgte und gefährdete Rechtgläubige, deren Lebensziel es ist, der guten Sache zu dienen. Auffallend sind ihr Selbstmitleid und ihre übergroße Empfindlichkeit sowie die Pathetik ihrer Aufrufe und Proteste. Anders zu denken, ist für solche Neurotiker ein unerträglicher Angriff auf ihr sakrosankt gewordenes, mühsam errichtetes Welt- und Selbstbildnis.

Daß Projektionen von Feindbildern nicht nur ein theologisches Problem sind, sondern im politischen Bereich mindestens genau so oft vorkommen, sei nur am Rande erwähnt. Auch Patienten mit nicht religiös verursachten Neurosen erliegen ihnen häufig. Die eigene Vorstellung, die man (aus welchem Grund auch immer) von einem Objekt hat, stülpt man diesem unkritisch über. Nicht selten wird das getan, weil dann eigenes Handeln oder eigenes Versagen leichter zu begründen oder zu entschuldigen ist.

Im religiösen Bereich ist dieses Hinausverlegen eines innerseelischen Vorganges oder einer Vorstellung in ein fremdes Objekt aber besonders gefährlich, weil jeder Versuch, einer solchen Projektion entgegenzutreten, sofort mit dem Vorwurf des Unglaubens oder Irrglaubens, der Gefährdung der wahren Lehre und des "Ewigen Heils" beantwortet wird. So hat der Psychotherapeut, der mit solchen wahnhaften Verzerrungen zu tun hat, unter Umständen erheblichen Widerstand seines Patienten zu erwarten. In meiner Praxis erlebte ich in diesem Zusammenhang nicht nur einige Abbrüche, sondern auch massive Angriffe ganzer Familien und religiöser Funktionäre, die von einem solchen Patienten zu Rat gezogen wurden.

Carl Gustav Jung hat in seiner Studie "Von den Wurzeln des Bewußtseins" schon 1954 darauf hingewiesen, daß solche Projektionen auf archaischen Identifikationen von Subjekt und Objekt beruhen. Zum gefährlichen und für den Patienten nutzlosen Abwehrmechanismus werden sie aber erst, wenn dessen Individuationsprozeß zu einem Punkt gelangt, an dem die Auflösung der

Identität mit dem Objekt gefordert ist. Wer falsch handelt, muß erkennen, daß er selbst einen Fehler gemacht hat, und er darf Entschuldigung nicht im Wirken böser Mächte suchen, denen er ja dann immer wieder schutzlos ausgeliefert ist. Diese von Jung "passive Projektion" genannte Verschiebung der Verantwortung und damit auch der Handlungsfreiheit birgt in sich die Gefahr der Perseveration: den Zwang zum Wiederholen des falschen Gedankens oder der bösen Tat, des Klebenbleibens an bestimmten Begriffen, des unbelehrbaren Beharrens auf falscher Meinung, wie Jung und Riklin in Assoziationsstudien nachgewiesen haben.

Projektionen verhindern auch das Bewußtwerden eigener – vielleicht sogar sehr berechtigter – Haßgefühle gegen andere Menschen. Sie sind also dort besonders häufig anzutreffen, wo Haßgefühle aus falsch verstandener und falsch gelehrter Tugend der Nächstenliebe gar nicht mehr vom Träger erkannt und anerkannt werden dürfen. Der Jesuit Franz Schlederer schildert in seiner Untersuchung über "Schuld, Reue und Krankheit" (Schlederer/1970), wie der an sich ganz selbstverständliche ödipale Haß eines Jungen gegen seinen Vater durch Projektionen so umgefälscht werden kann, daß der Junge sich nun andauernd vom Vater gehaßt und angegriffen fühlt. Es liegt auf der Hand, daß der Junge auf diese Weise seinen Aggressionstrieb gegen den Vater nicht zu beherrschen lernt. Stattdessen wird er sich bei ihm unerlaubt erscheinenden ödipalen und später sexuellen Antrieben in zwang- und wahnhafte Verfolgungsängste flüchten. In einer Atmosphäre "christlicher Friedlichkeit" hat er schließlich frühzeitig gelernt, diese zu projizieren.

Projektionen verhindern aber vor allem die Bildung eines gesunden Gewissens. Der Salzburger Psychologe Ernst Stadter beschreibt in seinem Buch "Psychoanalyse und Gewissen" (Stadter/1970), wie durch die Verinnerlichung der Autorität das Gewissen "einverleibt" wird. Nach Freud ist das Gewissen ja ohnehin nichts anderes als die Verlegung der äußeren Autorität nach innen. Die relative Autonomie dieses Teils des menschlichen Seelenlebens hat gläubige Menschen dazu gebracht, von der "Stimme Gottes" zu sprechen. Bei wahnkranken Patienten erleben wir schaudernd, wie diese "Stimme des Gewissens" wirklich wieder nach außen verlegt und als Stimme Gottes, einer Heiligen oder des Teufels erlebt und befolgt wird. Wiederholt berichteten mir schizophrene Patienten von Befehlen Gottes oder "seiner Mutter Maria", die Unschuld eines Kindes dadurch zu schützen, daß man es wie Abraham den Isaak abzuschlachten suche.

Ein anderer Patient, der über seine homosexuelle Prägung nicht hinwegkam, hörte unter Satansgelächter des Teufels Befehl, sich auszulöschen, um dadurch unschuldige Knabenseelen vor der Verführung zu retten. Da er als katholischer Ordenspriester und angesehener Gymnasiallehrer immer wieder in einem Knabengymnasium eingesetzt wurde, war die Flucht in eine Wahnkrankheit für diesen bedauernswerten Patienten wirklich die für ihn letztlich unschädlichste Lösung. Ich verlor den Patienten leider aus den Augen und weiß nicht, ob ein tiefenpsychologisch geschulter Psychiater ihm aus diesem Teufelskreis der Projektionen heraushelfen konnte.

Zu ergänzen wäre nur noch, daß der Patient wegen akuter Suizidgefahr in eine Klinik eingeliefert werden mußte. Kurz zuvor gab ein katholischer Dekan – also ein Priester, der für die Seelsorge an anderen Priestern besonders berufen ist – dem bei ihm beichtenden Patienten diesen "Trost": "Wahrscheinlich ist dieses Stimmenhören die Strafe für Ihre perverse Sünde. Schaun's, ich kann mich doch auch beherrschen, wenn ich einen Buben in viel zu kurzen Hosen sehe!"

Einen guten Ausgang nahm die neurotische Erkrankung eines jungen promovierten Akademikers, den seine Frau zur Behandlung zu mir brachte (!). Die Frau stand als katholische Religionslehrerin im höheren Schuldienst und besaß ein erhebliches Maß an mütterlicher Potenz. Neben der sehr vitalen Enddreißigerin wirkte der Neunundzwanzigjährige blaß und zart. Seit mehreren Jahren konnte das Ehepaar nicht mehr gemeinsam in Urlaub fahren, weil sich der Patient überall vor Schlangen fürchtete. Schon die Darstellung einer Schlange am Fernsehschirm ließ ihn ohnmächtig werden.

Auch in den Sonntagsgottesdienst konnte der Patient zu seinem Bedauern seine Frau nicht mehr begleiten: In der barocken Kirche wand sich unter den Füßen eines sehr martialischen Erzengels Michael wieder so ein schlangenförmiger Drachen.

Die von mir vorgeschlagene Psychoanalyse verlief ohne großen Widerstand und unter ausgezeichneter Mitarbeit des Klienten so erfolgreich, daß ich ihm vorschlug, unter medikamentöser Hilfe doch einen gemeinsamen Urlaub mit seiner Frau zu versuchen. Auf Chlorprothixen eingestellt, wurde die Ferienreise zwar nicht zum großen Erlebnis, aber erträglich. Nun klagte der Patient jedoch plötzlich über Potenzstörungen, vor allem über ein Nachlassen der sexuellen Appetenz.

Im Verlauf der Psychoanalyse erfuhr ich, daß Dr. X. Kind einer Schlesierin war, die als junges Mädchen – von ihrem Verlobten geschwängert – aus der Heimat vertrieben wurde. Der Verlobte fiel in den letzten Kriegstagen, und die junge Mutter war der Gnade einer hartherzigen entfernten Verwandten ausgeliefert, die ihr in Bayern Wohnung und Arbeit gab. Schon bald nach der Entbindung mußte die Mutter wieder zur Arbeit, und das Kind wurde nun zwischen Mutter, der inzwischen eingetroffenen Großmutter und einer gutherzigen, aber rüstigeren Nachbarin hin und her geschoben. Nachbarin wie Großmutter waren zwei sehr fromme Frauen, und dem Patienten ist noch gut das Nachtgebet der Großmutter in Erinnerung, das um den Schutz der Engel vor des Satans List und vor dem Teufelsgewürm der Hölle und dem satanischen Drachen bat. Aus Gesprächen der Großmutter hörte das heranwachsende Bübchen dann auch noch, daß die Sowjetsoldaten an der Not der Familie und der Traurigkeit der Mutter schuld seien.

In den Angstträumen seiner Kinderzeit sah er große dicke Schlangen mit Uniformmützen der Russen (oder was er dafür hielt) und hörte die Stimme der Großmutter gegen den Teufel anbeten. Auch in der Pubertät tauchte das Schlangenbild laut Analyse noch einmal auf, als die Mutter ihn vor Mädchen warnte, die so falsch wie Schlangen seien und ihn nur heiraten wollten, weil er später einmal als Akademiker besser verdienen würde als die anderen Jungen des Marktes. Von der Mutter dazu angehalten, als Ministrant jeden Tag zur Messe zu gehen und zu kommunizieren, hatte er einen heftigen inneren Kampf durchzustehen, als ein Nachbarsmädchen, das Interesse signalisierte, ihm sehr gefiel. Es kam zu einigen Berührungen der Sechzehnjährigen, die Dr. X. schuldbewußt sofort beichtete.

Die Bekanntschaft mit seiner Frau machte er bei einem religiösen Kurswochenende, und ihre bestimmte Art, trotz für jedermann offensichtlicher Frömmigkeit sexuell aktiv sein zu wollen, nahm ihm zuerst einmal Ängste und Hemmungen. Es wurde schnell geheiratet, doch als er von Mutter und Großmutter weit entfernt Wohnung nahm, stellten sich erstmals die Bilder gefährlicher Schlangen ein. Sie wurden um so plastischer, je mehr ihn seine Frau forderte.

Psychoanalytisch konnte dem Patienten die Entstehungsweise seiner Neurose einsichtig gemacht werden. Die endgültige Heilung bewirkte dann ein Kollege, der mit dem jungen Mann verhaltenstherapeutisch arbeitete und vom Besichtigen von Schlangenfotos bis zum Anfassen einer Ringelnatter nichts ausließ. In dieser Zeit wurde Chlorprothixen ausschleichend abgesetzt. Der therapeutische Erfolg beruhte auf der guten Zusammenarbeit mit dem Hausarzt sowie der Möglichkeit, Psychoanalyse und Verhaltenstherapie aufeinander abgestimmt einzusetzen und weltanschauliche, d.h. religiöse Fragen mit dem Patienten zu diskutieren. Auch in diesem Fall zeigte sich, was man bei gläubigen und nichtgläubigen Akademikern immer wieder erlebt: Sie haben erstaunlich naive Vorstellungen vom Religiösen.

Bei der pastoralpsychologischen Besprechung erfuhr der Patient mit Interesse, daß die Gleichstellung von Teufel und Schlange, wie sie im Schöpfungs-Mythos des Buches Genesis 3 nahegelegt wird, von der modernen kritischen Bibelwissenschaft nicht mehr akzeptiert wird. Die Geschichte von der bösen Schlange, die über eine Frau den braven Mann Adam zu Fall brachte, könnte ein verfälschtes Relikt aus dem kanaanäischen Baalskult sein, der zur Zeit Salomos den "wahren" Glauben an Jahwe besonders gefährdete. Manche Exegeten wollen in der Gestalt Evas die Tochter des Pharaos sehen, die Salomo zur Gemahlin nahm. Bei dieser Gelegenheit wurden die Juden mit der ägyptischen Schlangen-Göttin Renenutet bekannt. Aber selbst wenn man die These vom kanaanäischen Baalskult als Hintergrund der Sündenfallgeschichte mit der Schlange am Baum ablehnt, kann man die Schlange nicht allein und nicht in erster Linie als Symbol des Teufels sehen.

In den Schriften des Alten und Neuen Testaments tritt der Teufel auch sonst nirgends in der Gestalt der Schlange auf. Diese ist vielmehr eher – wie auch in der Naturmythologie anderer Völker – Symbol der Fruchtbarkeit und der männlichen wie weiblichen Sexualität. Sie spielt eine Rolle bei kanaanäischen Fruchtbarkeitsriten und bei Initiationsriten verschiedener Völker; sie hat Funktionen bezüglich der Lebensneuerung und Regeneration des Menschen (Drewermann/1981). Die Projektion "Angst vor der Schlange ist Angst vor dem Teufel" könnte also auch das therapeutische Gespräch der Fragestellung berauben, ob Schlangenfurcht nicht vielleicht Reifungsängste signalisiere. Nicht nur Triebhaftigkeit und chaotisches Wünschen aus dem Unbewußten, sondern auch die Grenze zwischen Leben und Tod, zwischen Sein und Nichtsein kann sich im Bild der Schlange wiederfinden. Dennoch ist im geschilderten Fall nicht zu leugnen, daß dem Patienten zur Schlangenthematik vor allem das Abendgebet der Großmutter eingefallen ist.

Der Salzburger Pastoraltheologe Jörg Müller (Gastager/1975)

weist im "Praktischen Wörterbuch der Pastoral-Anthropologie" darauf hin, daß die Angst vor dem Teufel als neurotische Angst zu bezeichnen ist und den Verdacht auf Bestehen einer ekklesiogenen Neurose nahelegt. In diesem Zusammenhang tauchen auch noch andere Symbolbilder auf, die Angst einjagen und mit dem Teufel in Verbindung gebracht werden: Drachen, Wolf, Hund, Mensch mit Pferdefuß oder Hörnern.

Das derzeit zunehmende Interesse an Satanskult, Besessenheit und Hexerei auf der einen Seite und das darob entstehende Warngeschrei auf Seiten mancher "Frommer" weist auf diffus erlebte Schuldgefühle des modernen Menschen hin, der "die Sünde", so wie sie von den Kirchen dargestellt wird, nicht mehr als Schuld empfinden kann.

Abgesehen davon wird man aber einfach akzeptieren müssen, daß die Angst vor dem Dämonischen eine Grundbefindlichkeit des Menschen ist, die vielleicht gerade aus dem Wissen um die Unbestimmtheit und Unberechenbarkeit unseres Lebens erwächst. Projiziert man diese Ängste auf eine Person, also im Alten Testament auf den "Satan", d.h. den Widersacher in der Schlacht oder Ankläger vor Gericht, oder den "Teufel", den Diabolus, d.h. den Lügner und Verwirrer im Neuen Testament, so kann eine solche Projektion teilweise dazu verhelfen, sich selbst von dem Negativen, Angstmachenden ein wenig zu befreien. Leugnet man aber ab, daß "das Böse" aus dem Herzen des Menschen kommt, wie Jesus nach dem Markus-Evangelium (7,21) feststellt, so wird man dem Bösen in der Welt und in sich selbst immer hilflos ausgeliefert bleiben.

Insofern sollten sich verantwortungsbewußte Seelsorger davor hüten, Projektionen ihrer Klienten auf den Satan oder Teufel zu unterstützen. Die zahlreichen Hinweise auf den damals herrschenden Satans- und Dämonenglauben im Neuen Testament verbieten es im allgemeinen, im pastoralpsychologischen Gespräch den Teufelsglauben als eine nur zeitbedingte Sicht ohne theologische Verbindlichkeit darzustellen. Dennoch sei darauf hingewiesen, daß neben zahlreichen Theologen, die an eine personale außermenschliche Existenz Satans glauben und seltsamerweise "Realisten" genannt werden, auch genügend "Symbolisten" stehen, die Satan und die Dämonen nur für zeitbedingte Symbole des Bösen halten, das vor allem die menschliche Freiheit vernichten will.

Krankmachende Gottesbilder

Der Psychoanalytiker Tilmann Moser hat seiner erschütternden analytischen Autobiographie "Gottesvergiftung" (Moser/1976) den Satz vorangestellt: "Freut euch, wenn euer Gott freundlicher war." Er kommt mir immer wieder in den Sinn, wenn mir Angst- oder Zwangsneurotiker begegnen, die unter ihren Gottesvorstellungen leiden.

Es wäre zu wünschen, daß jeder Religionspädagoge und jeder Pfarrer dieses manchmal fast naiv anmutende Anti-Gebetbuch kennt, bevor er jungen Menschen von Gott erzählt. Wie leicht kann eine äußerlich gelebte Frömmigkeit von Eltern und Erziehern einem sensiblen Kind zum Schaden werden, wenn hinter dieser Frömmigkeit Lebensangst, Lebensfeindlichkeit, Freudlosigkeit und – vermutlich – auch schon eine krankmachende Gottesvorstellung stehen.

Nicht nur die direkte Einwirkung einer Kirche und ihrer Amtsträger auf einen Menschen führt zur ekklesiogenen Neurose. Häufig ist es das Klima, das, von falscher kirchlicher Verkündigung erzeugt, in den Familien fortwirkt und von den Mitgliedern einer Familie oder von Erziehern und Lehrern weitergegeben wird, so daß dann selbst harmlos wirkende Kirchenlieder – wie Tilmann Moser glaubwürdig schildert – unendliche Ängste, Zwänge und Frustration auslösen können. Die Erfahrungen meiner kleinen Praxis reichen nicht aus, um auch im Raum außerchristlicher Religionen nach diesem Phänomen zu forschen; aus Einzelbeobachtungen erwächst mir aber der Verdacht, daß auch im Rahmen gläubiger jüdischer oder islamischer Familien krankmachende Gottesvorstellungen weitergegeben werden.

Sigmund Freud, der es an der Zeit fand, die Illusion der Religion und ihres Gottesbildes durch die Ergebnisse der rationellen Geistesarbeit zu ersetzen, ist nach meiner Meinung ebenso ein Opfer einer krankmachenden Jahwe-Vorstellung seiner Familie wie Carl Gustav Jung. Als typisches Pfarrerskind begegnet dieser in seinen Arbeiten erstaunlich oft religiösen Fragestellungen. Er entledigt sich des Problems, ob es denn nun wirklich einen Gott gebe, recht gekonnt, indem er berechtigterweise als Psychologe nur auf ein archetypisches Bild der Gottheit verweist. Dieser Archetypus Gottheit wirke "nach wie vor als unerkennbare Größe in der Seelentiefe." Nietzsches Satz "Gott ist tot" kann Jung so ohne Verrat am naturwissenschaftlichen Denken seiner Fakultät ergänzen: "Es wäre aber richtiger zu sagen: Er hat unser Bild abgelegt, und wo werden wir ihn wiederfinden?"

Viktor E. Frankl ergänzt die Reihe krankmachender Gottesbilder aus der Erfahrung unserer Tage mit einem Phänomen, dem ich den Namen "das verweste Gottesbild" geben möchte. Es wird primär gar nicht mehr von einem Gott gesprochen. Fast jede Familie hat so ein Gerippe im Schrank. Die Kinder solcher Familien leiden unter einer bedrohlichen existentiellen Frustration: Es fehlt ihrem Leben der "Wille zum Sinn". Frankl zitiert Ludwig Wittgenstein (Tagebücher 1914-1916): "An Gott glauben, heißt sehen, daß das Leben einen Sinn hat" (Frankl/1977). Erlebte Sinnlosigkeit ist für die Menschen unserer Tage lebensbedrohend. Auch diese Tatsache ist meines Erachtens wenigstens teilweise den Kirchen anzulasten, und sie sollte von ihnen beseitigt werden.

Frankl hatte eines Tages die Frage zu beantworten, ob der Trend von der Religion wegführe. Seine Antwort: "Ich sagte, der Trend führe nicht von der Religion weg, sehr wohl aber von jenen Konfessionen, die anscheinend nichts anderes zu tun haben, als gegeneinander zu kämpfen und sich gegenseitig die Gläubigen abspenstig zu machen."

Die Frage, ob es nach seiner Ansicht früher oder später zu einer universalen Religion kommen werde, verneinte Frankl: "Im Gegenteil, wir gehen nicht auf eine universale, vielmehr auf eine personale – eine zutiefst personalisierte Religiosität zu, eine Religiosität, aus der heraus jeder zu seiner persönlichen, seiner eigenen, seiner ureigensten Sprache finden wird, wenn er sich an Gott wendet."

Frankl spricht sicher vielen modernen Menschen aus dem Herzen, auch wenn er den Widerspruch seiner römisch-katholischen Religionsgemeinschaft zu erwarten hat, wenn er sagt: "So oder so, in ihrer Verschiedenheit gleichen die verschiedenen Religionen den verschiedenen Sprachen: Niemand kann sagen, daß seine Sprache den anderen überlegen ist – in jeder Sprache kann der Mensch an die Wahrheit herankommen – an die eine Wahrheit – und in jeder Sprache kann er irren, ja lügen. Und so kann er denn auch durch das Medium jeder Religion hindurch zu Gott finden – zu dem einen Gott."

Ein solches Gottesbild, das gesucht und gefunden werden kann, hätte nach Frankls Ansicht auch größten Nutzen für unsere Welt: "Vor Jahrtausenden hat sich die Menschheit zum Glauben an den einen Gott durchgerungen: zum Monotheismus – wo aber bleibt das Wissen um die eine Menschheit, ein Wissen, das ich Monanthropismus nennen möchte? Das Wissen um die Einheit der Menschheit, eine Einheit, die hinausgeht über alle Mannigfaltigkeit, seien es solche der Hautfarbe oder Parteifarbe."

Was Frankl hier fordert, eine Gläubigkeit ohne religiöse Unduldsamkeit und konfessionelle Enge, findet der Leser des Neuen Testamentes auch bei Matthäus 10,42, Markus 9,38 – 41 und Lukas 9,49 – 50 sowie bei allen Aussagen Jesu, in denen er seinen himmlischen Vater allen Menschen zum Vater gibt.

Frankls Postulat paßt hier ganz in das Gottesbild Alfred Adlers, für den die Ausbildung zur Mitmenschlichkeit, die die Begriffe Liebe und Arbeit einschließt, das eigentliche Lebensziel ist. Gegen Ende seines Lebens schreibt Adler: "Es ist gar keine Frage, daß der Gottesbegriff eigentlich jene Bewegung nach Vollkommenheit in sich schließt als ein Ziel, und daß er dem dunklen Sehnen des Menschen, Vollkommenheit zu erreichen, als konkretes Ziel der Vollkommenheit am besten entspricht."

In biblische Worte gefaßt findet sich diese Aussage im 1. Johannesbrief 4,16: "Gott ist die Liebe – und wer in der Liebe bleibt, der bleibt in Gott."

Wie ganz anders nehmen sich die Gottesbilder aus, die für seelisch kranke Menschen von anderen meist ebenso seelisch kranken Menschen entworfen wurden und nicht selten mit dem Gewicht amtlicher Vollmacht den Menschen als Last auferlegt wurden.

Sie ähneln in auffälliger Weise Malereien von seelisch leidenden Menschen, die anläßlich eines Symposions katholischer Psychotherapeuten 1962 in Zürich von Jolande Jacobi (Rudin/1964) vorgestellt wurden.

Die häufigste Vorstellung bei Angst- und Zwangsneurotikern ist der tyrannische Gott. In seiner Allmacht regiert er die Menschen, wie er gerade will. Er kann im voraus Menschen verdammen, wenn es ihm Spaß macht, und er erwartet blinden Gehorsam gegenüber seinem Wort. Die ganze Bibel einschließlich aller Schreib- und Übersetzungsfehler ist für solche Neurotiker Gottes unveränderliches Wort. Für römische Katholiken kommen zu diesen "Worten Gottes" dann auch noch die in Glaubens- und Sittenlehren unfehlbaren Äußerungen ihrer Päpste, die dadurch zum Mund Gottes werden. Bei Angehörigen kleinerer Sekten sind stattdessen die Äußerungen ihrer Sektengründer und "Propheten" Gottes direkter Befehl.

In Traumbildern erschien dieser Gott als unbekannter mächtiger Mann ohne Gesicht hinter der großen schwarzen Wand, als Roulette-Spieler, der statt der Roulettekugel eine runde Atombombe in die Welt warf, als Gefängnisaufseher mit strahlender Mütze und Flammenschwert, als Vulkan mit dem Gesicht des Jesus von Nazareth. Ein anderer Patient träumte von einem kahlschädeligen grinsenden Greis, der Blitze auf die Erde schleuderte, ein weiterer von einem Buchhalter mit einer Papstkrone auf dem Haupt. Ein Patient wurde im Traum nackt zu einer Folterbank geführt und auf dieser langsam qualvoll auseinandergerissen, während ein Engelschor Psalmen sang und ein Priester mit dem Weihrauchfaß um den Gefolterten herumhüpfte.

Norbert Scholl glaubt, daß infolge des Rückganges monarchistischer Regierungsformen in der Welt auch das Bild des Herrscher-Gottes als Projektion nicht mehr zur Verfügung stehe. Er hat sicherlich auch recht, wenn er sogar einen Zusammenhang zwischen dem Rückgang menschlicher Autorität und der Möglichkeit einer Gottesvorstellung annimmt. Auch der Wegfall des Vaterbildes im frühkindlichen Erleben vieler Menschen mag dazu beitragen.

Dennoch scheint noch eine Minderheit gläubiger Patienten angsterzeugende Gottesbilder verinnerlicht zu haben. Auch Bilder aus der barocken Weltuntergangsschilderung "Dies irae" in der früheren katholischen Totenmesse und Vorstellungen aus einigen protestantischen Bußliedern tauchten in Analysen meiner Patienten auf.

Tilmann Mosers "Gottesvergiftung" führt eine Reihe angsterzeugender Kirchenlieder gar nicht auf. Tatsächlich werden diese Lieder zwar noch getreulich in Neuauflagen nachgedruckt, da man den "Liederschatz" nicht verlieren möchte, aber von fast allen Kirchenmusikern und Pfarrern im Gottesdienst nicht mehr benützt. Die krankmachende Gottesvorstellung des Tyrannen dürfte mehr über Eltern oder Großeltern an unsere heutigen Patienten herangekommen sein, vielleicht neuerdings auch durch Television und Rundfunk und die täglichen Meldungen über unbegreifliche Katastrophen und unmittelbar drohende Gefahren. Gerade dem glaubenden Menschen kann sich da die nicht beantwortbare Frage aufdrängen: "Wie kann der allmächtige Gott so etwas zulassen?" Hier wird, wie Theodor Bovet bemerkt, die Angst vor Gott zum "Grunderlebnis der Begegnung mit dem Numinosen, als dem Fremden, dem Geheimnisvollen und dem Furchtbaren katexochen" (Bovet/1948).

Daß die Vorstellung des aufmerksamen Polizisten als Gottesbild selbst bei Jugendlichen noch nicht abgebaut ist, beweist Scholl durch zwei Umfragen bei zwölfjährigen Schülern im katholischen Rhein-Neckar-Gebiet. 44 Prozent bis 52 Prozent hörten Gott im Zusammenhang mit dem Stichwort Gebot. Dies entspricht auch einer Erwartungshaltung vieler Eltern. Selbst atheistische Eltern motivieren die Anmeldung ihrer Kinder zum Religionsunterricht oder zu kirchlichen Jugendritualen mit „damit unser Kind ein anständiger Mensch wird".

Der alles notierende Polizist oder Buchhalter taucht als Traumbild vor allem bei Menschen auf, die im römisch-katholischen Beichtunterricht schon im Alter von neun Jahren mit einem ganzen Sündenkatalog vertraut gemacht und angehalten wurden, mindestens alle "schweren Sünden" oder "Todsünden" genau nach Zahl, näheren Umständen und mit allen Einzelheiten im Beichtstuhl zu bekennen. Als "schwer" oder "Todsünde" gilt zwar nur eine Tat oder Unterlassung, bei der ein Gebot Gottes in einer wichtigen Sache mit klarer Erkenntnis freiwillig übertreten wurde, doch dürften Kinder im Alter von neun und zehn Jahren weitgehend überfordert sein, in diesem Sinn zwischen wichtig und unwichtig zu unterscheiden.

In der römisch-katholischen Kirche setzt der erste Empfang des Abendmahls (= Erstkommunion) die Ablegung der Beichte voraus. Katholische Pastoralpsychologen haben mit gutem Grund davor gewarnt, Kinder erst mit 14 Jahren zum Abendmahl zuzulassen, da in diesem Alter die Pubertät ja längst in religiöse Krisen führt. Daher versuchten einige Religionspädagogen und einige katholische Bischöfe, den Empfang der Erstkommunion vor der Unterrichtung für die Beichte durchzusetzen. Ich hatte Gelegenheit, vor einigen Jahren darüber mit einem römisch-ka-tholischen Bischof zu sprechen, der sehr empört war, daß Rom diesen Versuch verbot. Auch er war der Ansicht, daß durch den früheren Beichtunterricht bei ängstlichen und frommen Kindern schwerer Schaden angerichtet werden kann. Sicherlich spielt auch bei solchen Psychoneurosen der konstitutionelle Faktor eine große Rolle. Die Kinder reagieren sehr unterschiedlich auf einen derart überfordernden Religionsunterricht. Ein einfühlsamer Re-ligionslehrer wird hier trotz eines verbindlichen Lehrplanes viel Unheil abwenden können.

Daß durch selber schwer neurotisierte "Beichtväter" der älteren Generation manche Bemühungen junger Religionspädagogen wieder zunichte gemacht wurden, erlebte ich bei mehreren Klien-ten. Die ungeheure Vollmacht, Sünden sofort vergeben oder auch belassen zu können, hob den die Beichte hörenden Geistlichen im Ansehen weit über den Religionslehrer hinaus, der womög-lich "nur ein Laie" oder sogar "nur eine Frau" war.

Bei genauer Untersuchung der sogenannten "Beichtspiegel", nach denen das Gewissen gebildet und auf Sünden hin untersucht werden soll, fällt auf, daß der Wortlaut einer Reihe von Geboten sehr ungenau gefaßt wird, damit man möglichst viele modernere Verhaltensformen in die Gebote pressen kann.

Der katholische Moraltheologe an der Universität München Jo-hannes Gründel hat dankenswerter Weise in seinem Buch "Die Zehn Gebote in der Erziehung" (Gründel/1978) für Eltern und Lehrer Hinweise gegeben, wie kindliches Sündenverständnis nach den Zehn Geboten wieder in ein theologisch vertretbares und pastoralpsychologisch verantwortbares System gebracht werden könnte.

Die Beichtpraxis – vor allem in katholischen Landgemeinden – sieht häufig noch ganz anders aus. Selbst wenn sie sich durch das

Aussterben älterer Theologenschulen schneller ändern sollte, werden wir noch viele Jahre die Opfer der alten Schulen zu verarzten haben. Der größte Teil der heute noch amtierenden römisch-katholischen Seelsorger lernte in seinen Studienjahren Moraltheologie nach dem Handbuch des Franziskanerpaters Jone, das an kirchlichen Hochschulen noch bis zum Ende des Zweiten Vatikanischen Konzils empfohlen wurde. Es ist mit wirklich neurotischer Akribie auf eine mikroskopisch genaue Darstellung aller möglichen und unmöglichen Sündenfälle ausgerichtet und ergeht sich besonders ausführlich im Bereich der Sexual-Moral. Doch darüber wird später noch zu sprechen sein.

Die Negativ-Buchhaltung

Einige Beispiele der Umformung des Dekalogs (= der zehn Gebote), der ja ursprünglich Lebens- und Überlebensregel für ein Nomadenvolk war, seien hier angeführt. Im Gespräch mit neurotisch-ängstlichen Patienten können sie vielleicht hilfreich sein.

Der Urtext der Gebote findet sich im Alten Testament in den Büchern Exodus und Deuteronomium, also im zweiten und fünften Buch Mose. Dabei wäre es – wie Gründel richtig bemerkt – besser, von Verboten als von Geboten zu sprechen. Daß eine auf Verboten aufbauende Pädagogik modernen erziehungswissenschaftlichen Erkenntnissen total widerspricht, braucht nicht eigens gesagt zu werden.

Das erste Gebot verbietet die Anbetung noch anderer Götter als des Gottes Jahwe. Ein gemäß dem "Directorium Catechisticum Generale" des Vatikans von 1971 herausgegebener "Katholischer Kurz-Katechismus" (Albertus-Magnus-Kolleg/1986) leitet daraus ab, daß Zweifel an Gottes Existenz, das Lesen schlechter Bücher, das Sehen schlechter Fernsehsendungen – was immer unter "schlecht" zu verstehen ist – schwere Sünde sei. Auch die Unterstützung der Mission bei den heidnischen Völkern gehört hier zu den Gewissenspflichten.

Das zweite Gebot, das daran erinnert, wie man dereinst – in einem magisch betonten Zeitalter – im Kennen und Aussprechen eines Namens Gewalt über die betreffende Person zu haben glaubte, verbietet den Mißbrauch des Gottesnamens vor allem im kultischen Bereich. Der bereits erwähnte Katechismus leitet daraus die Pflicht des Christen ab, besondere Ehrfurcht vor geweihten Personen und Dingen zu empfinden und natürlich auch, nicht zu fluchen.

Das dritte Gebot, das für den Sabbat in Erinnerung an die Vollendung des Schöpfungswerkes Gottes eine Arbeitsruhe vorschreibt, wird zu einer Verpflichtung, am Sonntag andächtig eine Messe mitzufeiern. Arbeitsruhe und Erholung werden nur ganz kurz am Schluß erwähnt. Man kann ahnen, in welche Gewissensnot viele katholische Schulkinder in Deutschland kommen, wenn sie Sonntag für Sonntag erleben, wie ihre vom Broterwerb gestreßten Eltern auf den unter schwerer Sünde vorgeschriebenen Kirchgang verzichten und lieber ausschlafen oder ein paar Stunden Freiheit in der Natur genießen. Kaum ein Drittel der katholischen Eltern besucht noch regelmäßig den Sonntagsgottesdienst.

Das vierte Gebot: "Ehre Vater und Mutter!" war als echter Generationenvertrag geschrieben: Seine Übertretung zog den Ausschluß aus dem Volk Israel, gegebenenfalls durch Todesstrafe nach sich. Verunehren beinhaltet im damaligen Sprachgebrauch: Mißhandlung, Verfluchung, Aufkündigung der Lebensgemeinschaft, Ausweisung aus dem Haus. Der katholische Katechismus aber macht nicht bei der Sorge um das Wohl der Kinder und bei der Ehrfurcht der Kinder und ihrem Gehorsam gegen die Eltern halt. Er bezieht auch noch das ganze Schul- und Wirtschafts-System ein und meint, daß "wir Vorgesetzen Achtung, Anstand, Wahrhaftigkeit und sogar Gehorsam" schuldig seien. Damit es auch die Dümmeren verstehen, wird noch ergänzt, daß Lehrjahre keine Herrenjahre seien, und "wer rastet, der rostet."

Aus dem jüdischen Generationenvertrag wurde so ganz unversehens ein Mittel zur Disziplinierung der Jüngeren und der Arbeitnehmer. Untertanenmentalität braucht hier kein schlechtes Gewissen zu bekommen; sensible Andersdenkende werden nicht berücksichtigt. Dem Staatsbürger werden dann noch die Achtung der Obrigkeit und der Gesetze, die Ausübung des Wahlrechtes und die Amts-, Steuer- und Wehrpflicht im Rahmen des vierten Gebotes anbefohlen.

Solches Denken ist beileibe nicht nur römisch-katholisches Produkt. Mir begegnete vor einigen Jahren eine leitende evangelische Diakonisse, die allen Ernstes ihre im Altenheim aufopfernd tätigen Wehrdienstverweigerer nicht nur Feiglinge nannte, sondern auch als Übertreter des vierten Gebotes sah. Christlich kaschierte Perversion eines Gebotes!

Der Platz reicht nicht aus, um hier alle weiteren Gebote des Dekalogs und ihre Um- und Mißdeutungen aufzuzählen. Besondere Beachtung verdient noch das Verbot des Ehebruchs, das bei den Sexual-Neurosen erwähnt wird.

Neben den Geboten gibt es im katholischen Gewissensbereich noch weitere Handlungen, die unter "schwerer Sünde" geboten oder verboten werden, obwohl sie von den Geboten der Heiligen Schrift überhaupt nicht mehr erfaßt werden können: An bestimmten Tagen kein Fleisch zu essen, sich nur einmal täglich zu sättigen, vor dem Kommunion-Empfang mehrere Stunden nichts zu essen oder zu trinken, obwohl die ersten Christen gerade anläßlich des Abendmahles fröhlich schmausten und zechten.

Von Ordensleuten werden Ordensgelübde gefordert, die ein Leben lang einzuhalten sind und deren Übertretung immer als schwere Gotteslästerung durch Gelübdebruch gilt. Während mir kein Neurotiker begegnet ist, der wegen des Gelübdes der Armut Bedenken entwickelt hätte, begegnete ich vielen, die mit Keuschheit oder klösterlichem Gehorsam nicht zurecht kamen.

Besonders das Gehorsamsgelübde kann in Klöstern die seltsamsten Blüten treiben: Manipulationen, sie zu umgehen, haben mich schon als Kind sehr belustigt.

So ist es schwere Gewissenspflicht jedes Ordens- und Weltpriesters, täglich mehrere Stunden lang Psalmen (das Brevier) zu beten. Ein unserer Familie befreundeter Universitätsprofessor pflegte sein Breviergebet gerne spazierengehend im Garten zu verrichten. Wenn der Wind mehrere Seiten auf einmal umblätterte, bedankte sich der alte Herr freundlich lächelnd beim lieben

Gott, wenn das Gebet dadurch abgekürzt wurde; er empörte sich aber sehr über das üble Wetter und blätterte zur richtigen Stelle zurück, wenn es die Luftströmung nicht gut mit seinem Psalmenpensum gemeint hatte. Ich habe eine Reihe von Priestern kennengelernt, die mit schwersten Selbstvorwürfen lebten, weil sie ihre Breviergebete mit dem Übermaß an täglicher Arbeit nicht in Einklang bringen konnten. Einige dieser Geistlichen sagten nach einer abgeschlossenen Psychoanalyse, daß sie nun erst Freude an dem jetzt freiwillig und ohne Sündenfurcht verrichteten Gebet gefunden hätten.

Unvergeßlich bleibt mir auch die fromme Schläue eines unserer Familie befreundeten Ordensgeistlichen. Fleischgenuß war ihm durch die Ordensregel für immer verboten, Fische waren für das kleine Kloster in der Zeit vor dem zweiten Weltkrieg zu teuer und zu schwer zu beschaffen. Von den dürftigen Mehlspeisen, die ein greiser Laienbruder in der Klosterküche zusammenpappte, wurde der stattliche Theologe nicht satt. Da luden ihn meine Eltern häufig zum Essen ein, denn laut Ordensregel durfte der arme Mann "am fremden Tisch" essen, was man ihm vorsetzte. So gab es bei uns zuhause recht oft Fleisch.

Es ist selbstverständlich, daß viele von solchen Geboten betroffene Katholiken nicht über soviel Findigkeit und geistlichen Humor verfügen. Mir sind zahlreiche Angstneurotiker begegnet, die mir allen Ernstes versicherten, sie fürchteten die ewige Verdammnis, da sie nicht immer und überall nach den Vorschriften ihrer Religion gelebt hätten. Mehrere von ihnen gingen täglich mindestens einmal zur Beichte, weil sie fürchteten, sonst bei ihrem Tod sofort zur Hölle zu fahren. Andererseits wurden sie in ihrer klerikalen Ausbildungszeit darauf hingewiesen, daß der furchtbare Richtergott gegen seine Amtsdiener besonders streng vorgehe und sie vorsätzlich besonders schnell vor seinen Richterstuhl in die Ewigkeit hole: "subitanea mors – clericorum sors!". Damit sich die ständige Todesangst schon jungen Menschen genügend deutlich einpräge, mußten wir als Gymnasiasten in dem klösterlichen Internat, dem ich sonst sehr viel Gutes zu verdanken habe, beim Stundenwechsel immer wieder ein Sterbegebet sprechen:

"Ultima in mortis hora
filium pro nobis ora
bonam mortem impetra
Virgo, Mater, Domina!"

"Schlägt das letzte Stündlein schon
bitte Du für uns den Sohn:
auf ein gutes Sterben schau
Jungfrau, Mutter, Liebe Frau!"

Stunde um Stunde scholl aus den Klassenzimmern das Todesgedenken, und Tag für Tag standen vor der pflichtmäßigen Frühmesse um sechs Uhr zahlreiche Seminarzöglinge an den Beichtstühlen an, um die kleinen belastenden Kinder- und Jugendsünden des letzten Tages vor dem Empfang der Kommunion sicherheitshalber zu beichten – dies mitunter acht oder neun Schuljahre lang.

Erwähnt muß in diesem Zusammenhang allerdings auch werden, daß ich selbst als Schüler eines Klosterinternates sehr viel wohlwollende Fürsorge der betreuenden Patres erlebt habe. Auch von vielen anderen Zöglingen kirchlicher Schulen hörte ich, daß das persönliche Engagement für die Jugend bei den klösterlichen Lehrern und Erziehern vorbildlich war. Derartige religiöse Sonderlichkeiten wurden daher klaglos hingenommen und von den meisten sonst recht gesund aufgewachsenen Jungen und Mädchen ohne großen Schaden verkraftet. Um so bedauerlicher sind die Einzelfälle, in denen junge Menschen durch ein so strenges Gottesbild zu Zwangsneurotikern oder Atheisten erzogen wurden.

Tilmann Moser schildert in seinem Buch, wie sein strenges pro-

45

testantisches Gottesbild ihn immer mehr in der Gewißheit be-
stärkte, zu den Verdammten zu gehören: "Es befiel mich eine ent-
setzliche Lähmung!" Sollte die Antriebslosigkeit und mangelnde
Vitalität, die nicht selten von betont religiösen Familien bei ihren
Kindern beklagt wird, vielleicht auch hier eine Wurzel haben?
Die Zahl der von mir behandelten Patienten ist zu klein, als daß
ich darüber ein Urteil abgeben könnte. Aufgedrängt hat sich mir
diese Frage jedoch schon oft. Eine eigene Schlußfolgerung
möchte ich hier nicht ziehen, sondern abschließend zu diesem
Thema den Wiener Psychiater Erwin Ringel zitieren:

"Ich bekenne mich wirklich als Christ und Katholik, und ich weiß,
daß der rachedürstige, strafsüchtige und unbarmherzige Gott
nicht der wirkliche Gott des Christentums ist. Aber ich würde
niemals ein Kind von mir in eine religiöse Schule schicken
wollen, weil ich der tiefsten Überzeugung bin, daß in soundso
viel Prozent dieser Schulen eine Neurotisierung im Namen der
Religion stattfindet. Da gibt es die Vernichtung, die Verkrüppe-
lung von Menschen für ein Leben lang. Das sind Vergehen, die
kaum verzeihbar sind. Das möchte ich mit aller Schärfe sagen,
und ich möchte wünschen, daß sich das wandelt" (Ringel/1978).

Was die notwendige Änderung in vielen Schulen und Internaten
– und nicht nur kirchliche sind nach meiner Erfahrung hier gefordert! – betrifft, so gilt, was der Münchner Johannes Gründel den
christlichen Familien empfiehlt, für jegliche religiöse Erziehung
und ihr Gottesbild überhaupt:

"Wie der Fisch das Wasser als Lebenselement benötigt, so bedarf
der Mensch des Vertrauens, der Liebe und der Geborgenheit. Nur
wer in der frühen Kindheit selbst Liebe und Vertrauen erfahren
hat, wird auch das Gefühl eines Eigenwertes und die rechte Liebe
zu den Mitmenschen entfalten können. Insofern als menschliche
Geborgenheit immer wieder gefährdet erscheint, vermag das
Wissen um einen liebenden und sich erbarmenden Gott eine letzte
Tragfähigkeit und Sinngebung menschlichen Lebens zu vermit-

teln. Ein Kind wird um so leichter den Zugang zu Gebet und gemeinschaftlicher Gottesdienstfeier gewinnen, je mehr es in der eigenen Familie bereits Geborgenheit und Liebe, aber auch ein Vertrauensverhältnis zu einem Vater aller, vor dem alle, Erwachsene und Kinder, gleichwertig sind, erfahren hat" (Gründel/1978).

Soweit Neurotiker mit krankmachenden Gottesvorstellungen psychotherapeutisch behandelt werden, sollte man ihren erzieherischen Einfluß auf junge Menschen hinterfragen und auf Gefahren aufmerksam machen. Auch ein Gespräch über den Kernpunkt christlicher Gebote: das Gebot der Gottes- und Nächstenliebe (Matthäusevangelium 22,37), kann zu einer Weitung des auf Addition der Sünden eingeengten Blickes führen.

Wenn man die Möglichkeit häufiger Gespräche mit seinen Klienten hat, sollte man auf die Seligpreisungen Jesu in der Bergpredigt (Matthäus-Evangelium 5,3 ff.) zurückgreifen. Sie könnten dazu verhelfen, ein auf Verbote ängstlich ausgerichtetes Gewissen zu einem positiv planenden Handeln zu führen. Zu beachten ist allerdings, daß die Bergpredigt Jesu zahlreiche Zielvorstellungen enthält, die im alltäglichen Leben der meisten Menschen kaum zu verwirklichen sind. Nicht das "Gehen auf dem rechten Weg", sondern das "Sehen des richtigen Ziels" sollte Ergebnis stützender Gespräche bei Angst- und Zwangsneurotikern mit krankmachenden Gottesvorstellungen sein. Im Zusammenhang seiner psychischen Weiterentwicklung muß der Neurotiker begreifen, daß ein Fixieren auf das Gute von Gestern für das Morgen schlecht ist und daß sich sein Leben in einem ständigen Wachstums- und Reifungsprozeß befindet, dem Rückschläge (die er Sünden nennt) nichts anhaben können, solange er weitergehen will.

Therapieversuche bei ekklesiogenen Ängsten

Bei sehr vielen, ja fast allen ekklesiogenen Neurosen berichteten die Patienten über mannigfache Ängste. Französische Psychiater haben seit langer Zeit den Begriff der "maladie catholique" als Synonym für die skrupelhafte Sündenangst katholischer Christen geprägt. Nun gehört in gewissen menschlichen Entwicklungsstufen (man denke an die Lösung von den Eltern, die Pubertät, das Klimakterium, das Senium) Angst zur Grundbefindlichkeit der meisten Menschen. Auch wissen wir, daß unsere Existenz endlich ist, und das kann bei jedem Menschen Angst erzeugen.

In allen diesen Fällen darf man wohl nicht von krankhafter oder neurotischer Angst sprechen, noch viel weniger, wenn es sich um Real-Angst handelt, die wegen ihrer Objektbezogenheit von Psychoanalytikern lieber als Furcht bezeichnet wird.

Solange der Mensch Abwehrmechanismen aus Furcht vor hier und jetzt vorhandenen Gefahren aufbaut, ist dies eine durchaus intelligente Reaktion, der wir darüber hinaus manchen Fortschritt verdanken.

Mir persönlich machen eher jene "furchtlosen", weil gedankenlosen Zeitgenossen Angst, die für angeblichen Fortschritt und vorgebliche Sicherheit das Leben der Menschen und die Zukunft der Erde aufs Spiel setzen. Besonders leicht erkennbar ist eine schon neurotisch zu nennende Verdrängung vernünftiger Real-Ängste im Bereich der Verkehrspolitik und des Hochleistungssports. Menschenopfer werden fast klaglos in Kauf genommen.

Auch im religiösen Bereich begegnet uns immer wieder eine Form von Furchtlosigkeit, die neurotische Züge hat. Die berechtigte Angst vor drohenden Gefahren führt bei solchen Menschen nicht dazu, Vernunft und Willen zu ihrer Beseitigung einzusetzen, sondern man vertraut in primitiver "Frömmigkeit" auf das Wirken der göttlichen Vorsehung, entsprechend dem österreichischen Schlager: "Der Babba wird's scho richt'n - dös g'hört zu seine Pflicht'n!" Sigmund Freud hat das schon 1927 in seiner Studie "Die Zukunft einer Illusion" genau beschrieben: "Wir wissen schon, der schreckende Eindruck der kindlichen Hilflosigkeit hat das Bedürfnis nach Schutz – Schutz durch Liebe – erweckt, dem der Vater abgeholfen hat. Die Erkenntnis von der Fortdauer dieser Hilflosigkeit durchs ganze Leben hat das Festhalten an der Existenz eines – aber nun mächtigen – Vaters verursacht."

Anläßlich des 1987 in Bad Reichenhall veranstalteten Symposions führender deutscher Angstforscher (Hippius/1988) bezweifelten zwar die Herausgeber des Tagungsberichtes, die Münchner Psychiater Hanns Hippius und Manfred Ackenheil, daß es berechtigt sei, nur unser Jahrhundert als "Zeitalter der Angst" zu bezeichnen, weil es auch in der Vergangenheit zahlreiche Menschheitsängste gegeben habe. Sie bestätigen aber, daß in unserer Zeit eine große Zahl von Ängsten erforscht und behandelt werden müsse, vor allem aus dem Blickwinkel der Psychiatrie und der Psychotherapie. Therapeutisches Handeln ist selbst dort berechtigt und gefragt, wo man nicht sicher beurteilen könne, ob der Patient nicht vielleicht nur wegen einer sehr "normalen" Real-Angst oder einer verständlichen "kollektiven" Angst im Gefolge einer politisch-gesellschaftlichen Situation um Hilfe bitte.

Einen Psychotherapeuten suchen sicher weit eher jene Menschen auf, die unter neurotischen Ängsten leiden, als solche, die neurotisch furchtlos sind. Religiöse Ängste gehören weitgehend in den Bereich der Glaubenswelt und damit der Imagination: Es ist sicher nicht nur die nicht abreagierte Libido, die nach Freuds Beobachtungen Angstanfälle auslösen kann. Dennoch ist gerade auch daran bei religiösen Angstneurotikern – vor allem, wenn sie zölibatär leben – zu denken. Unter kirchlichen Amtsträgern sind zaghafte und ängstlich unentschlossene sowie hypochondrisch um ihre Gesundheit besorgte Leute besonders häufig. Freud nahm später bei Angsterkrankungen eine "hereditäre" Belastung an. Zwar weniger im Hinblick auf eine Weitergabe durch das Erbgut als durch schädigende Erziehung, die ekklesiogenen Neurosen vorausgegangen ist, läßt sich das durchaus bejahen.

In der ärztlichen Praxis wird für die Pharmakotherapie gerne die von Binder 1949 festgelegte Einteilung der Angstformen verwendet:
- Realangst
- Vitalangst
- existentielle Angst
- Gewissensangst
- neurotische Angst
- psychotische Angst

Psychoanalytiker dagegen bevorzugen eine Einteilung der Ängste nach den verschiedenen Entwicklungsphasen:
- Vernichtungsangst
- Objekt-Verlustangst
- Angst vor Liebesverlust
- Kastrationsangst
- Angst vor Bestrafung

Frühe Fixierung auf Angst tritt spätestens dann wieder in Erscheinung, wenn die Traumatisierung durch eine typische Auslösesituation reaktualisiert wird.

Eine Erklärung für das Scheitern geplanter Bindungen an ein Du in einer kirchlich geschlossenen Ehe oder beim Ordensgelübde, das in die Hand eines "geistlichen Vaters" abgelegt wird, kann die Beobachtung des Münchner Psychiaters Buchheim geben, die er auf dem Reichenhaller Symposion referierte.

Er beobachtete nämlich, daß angstfixierte Patienten anscheinend stabile angstfreie Partner als Begleiter durch das Leben wählen. Diese erschienen aber häufig nur infolge einer neurotischen Reaktionsbildung und starren Abwehrhaltung als so stark, während sie in Wirklichkeit ganz ähnliche Angstneurotiker seien. Manche Angstpatienten entwickeln die Illusion eines kraftvollen und zuverlässigen Beschützers, der in Wirklichkeit beim Partner aber stets neue eigene Ängste sichtbar macht, und beim hilfesuchenden Angstneurotiker führe der ständige Konflikt zwischen Trennungsangst und Verselbständigungswunsch zu übermäßiger Anpassung und Unterdrückung von Agressionen und Trieben, was zu neuen Ängsten führe.

Bestehen Dysharmonien in der frühen Eltern-Kind-Beziehung, können sich wesentliche Wahrnehmungs- und Verarbeitungsfunktionen des Ichs nicht ausbilden. Differenzierungs- und Steuerungsfunktionen versagen. Die Folgen sind der spätere Zusammenbruch der unreifen Abwehrmechanismen wie Spaltungen und Projektionen. Wer mit ekklesiogenen Neurotikern zu tun hat, wird bei Projektionen besonders an Besessenheitsangst und Teufelsfurcht denken, von der vor allem biblisch-fundamentalistische Christen betroffen sind. Typische Spaltungserscheinungen treten infolge der römisch-katholischen Beichtpraxis auf: Was man sündigt, muß man möglichst schnell durch eine Beichte wieder "abwaschen". Man klagt sich ständig neu seiner anderen "sündhaften" Seite an. Der von seinem Papst "heiliggesprochene" Priester Alfons Maria von Liguori, der im 18. Jahrhundert als "besonderer Verehrer der allerseligsten Jungfrau und als Kirchenlehrer der Moral" Einfluß auf die gegenwärtige katholische Theologie bekam, war ein Musterbeispiel einer solch erschreckenden Spaltung.

Nach den bewundernden Berichten seiner kirchlichen Biographen klagte sich der Bedauernswerte gleich mehrmals am Tag bei seinem Beichtvater seiner schweren Sünden an. Aber die Ohrenbeichte genügte ihm noch nicht: Zwei Stunden vor Tagesanbruch geißelte sich der als autoritär und unbeweglich geltende Mann täglich selbst noch im hohen Alter, um "sinnliche Regungen", die er verspürte, zu unterdrücken. Dabei galt dieser Patient den Theologen seiner Zeit als Wortführer der "Gemäßigten", bekämpfte er doch die noch unbarmherzigere Moral der katholischen Jansenisten.

Seine Praxis, in seinem Buch "Homo apostolicus" plötzlich von der Muttersprache auf Latein überzuwechseln, wenn es um Themen der Ehe und Sexualität ging, habe ich übrigens noch in unserem Jahrhundert an einer katholischen Hochschule erlebt. Über Sexualität im Detail verständigte man sich lateinisch, um "ahnungslose Laien vor unnötigen Versuchungen" zu bewahren. Unvergeßlich bleibt mir das Vergnügen der vielen Kommilitonen anderer Fakultäten, die zu solchen theologischen Stunden hereinströmten und die Darbietungen im Hörsaal sichtlich genossen.

Andere religiöse Abwehrreaktionen gegen die psychoanalytisch aufgeteilten Phasen der Angst seien nur am Rande erwähnt: Der Wettersegen aus Angst vor Bestrafung durch Unwetter und Mißernte, der Blasius-Segen in der Faschingszeit, der vor Infektionen des Mund-und-Rachenraumes in dieser ausgelassenen Zeit schützen soll, die Mutter-Gottes-Verehrung (hier besonders der sogenannten "Schutzmantel-Madonna") und das Bild der gütigen Mutter Kirche werden dem von Objektverlustangst gequälten Gläubigen angeboten, und sein unruhiges Gewissen mag er dem energischen Rat und Befehl eines "Vaters" Bischof oder Abt anvertrauen. Die Angst vor Kastration kann schließlich völlig verlieren, wer sich durch Gelübde ohnehin zur Ehelosigkeit und zum Verzicht auf jegliche sexuelle Betätigung verpflichtet hat.

Was die psychotherapeutische Bewältigung von frommen Ängsten betrifft, scheint mir der Bericht von Buchheim auf dem Reichenhaller Symposion besonders beachtenswert. Er stellte fest, daß es in der psychoanalytischen Behandlungstechnik in letzter Zeit zu einer Erweiterung und Vertiefung des therapeutischen Paradigmas der Psychoanalyse gekommen sei. Dadurch wurde diese in Diagnose und Therapie flexibler und auch zur Behandlung der im Sinne Freuds "Existenzunfähigen" besser geeignet. Die Indikationsstellung und das therapeutische Angebot können nunmehr nach den Bedürfnissen und Beschwerden des Patienten modifiziert und die psychoanalytische Technik kann durch andere Therapiemethoden ergänzt werden.

Bei dem genannten Symposion zählte der Wiener Psychiater H.G. Zapotoczky alternative oder die Psychoanalyse ergänzende Behandlungsmethoden der Angst auf:

- eine kurzdauernde willentlich gesetzte Hyperventilation, die zu einer milden Angstattacke führt;
- anschließende Diskussion und Interpretation der entstandenen Angst;
- Atemtraining im Anschluß an diesen kognitiven Prozeß;
- Einübung eines adäquaten kognitiven Reagierens auf Angstsymptome;
- Suche nach den Triggern für Angstzustände im Leben des Patienten (bizarre Vorstellungen, Mißinterpretationen und Mißbrauch von Koffein usw.)

Gerade bei der ekklesiogenen Neurose darf auch nach meiner Erfahrung der kognitive Ansatz einer Therapie nicht vernachlässigt werden. Hierzu braucht der Therapeut eben ein gewisses theologisches Grundwissen. Zapotoczky zitiert mit Recht Seneca: "Was immer aus dem Ungewissen kommt, wird der Vermutung und der Willkür eines verzagten Gemüts preisgegeben. Keine Ängste sind daher so verderblich, so unwiderruflich, wie die panischen Ängste."

Weitere zusätzliche Behandlungsmethoden wurden in Reichenhall genannt, so bei phobischen Ängsten die graduelle Exposition in vivo, bei somatisierten Ängsten die paradoxe Intention sowie eine Desensibilisierung, die teils in vivo, teils in der Vorstellung geübt wird.

Was hier zur Sprache kam, mußte ich schon seit Jahren mehr aus der Zeitnot meiner kleinen Praxis ohne große wissenschaftliche Reflexion tun: neben und zur Einleitung einer Psychoanalyse begleitende und angsterleichternde Methoden wie Atemübungen, autogenes Training, bioenergetische Lockerungsübungen und vor allem natürlich eine begleitende Pharmakotherapie. Hier waren wir sehr häufig auf die Hilfe des Allgemeinarztes angewiesen, weil ein Großteil der kirchlich beeinflußten Patienten den Gang zum Psychiater ablehnte.

Auch bei ekklesiogenen Neurosen, bei denen Angst im Vordergrund stand, bewährten sich Antidepressiva besser als Anxiolytika. Beim Reichenhaller Symposion wurden dem ganz entsprechend von den Münchner Psychiatern D. Blaschke und Gregor Laakmann Versuchsreihen vorgelegt, die ergaben, daß eine Kombinationsbehandlung mit einem Anxiolytikum und einem Antidepressivum auf die Dauer bei einer großen Reihe von Angsterkrankungen nicht aussichtsreicher war als die alleinige Behandlung mit dem trizyklischen Antidepressivum Amitriptylin.

Bei ekklesiogenen Neurosen mit Angstsymptomatik erwies sich gerade im ersten Vierteljahr einer Psychoanalyse eine derartige medikamentöse Begleitung als hilfreich und für den analytischen Prozeß förderlich.

Infantil unter einem Vater

Daß Sigmund Freud in "Totem und Tabu" Gott zum erhöhten Vater gemacht hat, und zwar als ersten Vaterersatz nach dem Totemtier, hat der frühen Psychoanalyse nicht eben die Freundschaft monotheistischer Theologen eingetragen.

Nach Freuds Überzeugung wurde ein die Urhorde regierender Vater von den Söhnen erschlagen, weil er ihnen die Weibchen wegnahm und mit Gewalt den Verzicht auf geschlechtliche Befriedigung erzwang. Erst lange nach der Tötung des Vaters ließ nach Freuds Hypothese die Erbitterung gegen diesen nach, und es entstand an seiner Stelle ein Idealbild, das seine väterlich-männliche Macht und den Wunsch, sich ihm zu unterwerfen beinhaltete. Vatersehnsucht wurde nach Freud so zur Wurzel aller Religionsbildung.

Auch wenn man diese grandiose anthropologische Spekulation in das Reich wissenschaftlicher Fabeln verbannen muß, ist zuzugeben, daß das Bild des Vaters und das Kind-Sein im Bereich des Christentums eine große Rolle spielt und – wie wir sehen werden – auch zum neurotischen Infantilismus führen kann.

Infantilismus als psychisches oder sexuelles Stehengebliebensein auf einer kindlichen Entwicklungsstufe findet sich bei manchen frommen Christen und auch bei älteren Amtsträgern der Kirchen bemerkenswert häufig.

Als Deckmantel für solche Defizite werden dann Aussagen Jesu benützt, der Gott als den himmlischen Vater aller Menschen bezeichnet und im Matthäus-Evangelium (18,3) die Christen auffordert, wie die Kinder zu werden. Während es Jesu an dieser Stelle eindeutig einmal um die Gleichberechtigung der Kinder in der Erwachsenenwelt und um die notwendige Bescheidenheit der Erwachsenen in der religiösen Welt geht, wird eine andere

Aussage Jesu gerne beiseite geschoben, die sich eindeutig gegen jeglichen Infantilismus unter den Christen wendet (Matthäus 23,9 ff.). Hier warnt Jesus ausdrücklich, irgendeinen Menschen Vater zu nennen, da Christen nur einen Vater, nämlich den Vater im Himmel hätten, so wie sie auch nur einen Lehrer, nämlich Jesus, hätten. Wenn man daneben die Menge der Vaterbezeichnungen in einigen christlichen Kirchen hört: vom Papst bis zum väterlichen Patriarchen, vom Father bis zum Pater in den unteren Rängen der klerikalen Hierarchie, dann staunt man doch etwas ob solcher Nichtachtung eines Befehls Jesu.

Es muß ein seltsames Bedürfnis nach Vätern bei manchen Christen bestehen und ein bemerkenswertes Bedürfnis zu "bevatern" bei Amtsträgern, daß sie die Heilige Schrift so mißachten. Tatsächlich zeigen uns auch Entwicklungen im politischen Raum, daß Vaterfiguren gerne gewählt und verteidigt werden – selbst in einer Zeit, in der zahlreiche Kinder als Kriegswaisen oder Scheidungswaisen nie einen echten Vater in der Familie erlebt haben. Infantilismus kann aus einer Entwicklungshemmung kommen, wenn ein Trieb oder Triebanteil die als normal vorgesehene Entwicklung gar nicht mitmacht oder auch durch Regression, eine Rückwärtsentwicklung auf das Stadium der Kindheit zu.

Der dadurch bewirkte Mangel an Liebes- und Gemeinschaftsfähigkeit fällt oft nicht sofort auf, weil das Kindchenschema nicht nur im optischen Bereich den Erwachsenen erst einmal zur bevaternden oder bemutternden Liebe verführt. Eine Rückentwicklung auf das Stadium der Kindheit hin macht den Zeitgenossen auf den ersten Blick vielleicht sogar angenehmer. Seine Flucht in Unselbständigkeit und Unterwürfigkeit läßt ihn leichter manipulierbar erscheinen. Regression ist zudem Flucht in die Vergangenheit, kann mit gutem Konservativismus verwechselt und als Ehrfurcht vor dem Überkommenen getarnt werden.

Ein für Andersgläubige nicht mehr nachvollziehbarer Vaterkult entstand um den Bischof von Rom, der den in den ersten Jahrhunderten mehreren Bischöfen zustehenden Titel "papa" schließlich für sich allein in Anspruch nahm. Heute wird er selbst von Andersgläubigen widerspruchslos mit "Heiliger Vater" angeredet. Dabei – von der fraglichen Heiligkeit ganz abgesehen – gab es genug Päpste, die alles andere als väterlich regierten und lehrten. Schlimmer als die unrechtmäßigen Ansprüche auf geistliche Vaterschaft durch Kleriker unterschiedlichster hierarchischer Stufen scheint mir der Infantilismus, mit dem Gläubige und Ungläubige dieses Rollenspiel akzeptieren und sich solchen "Vätern" unterwerfen.

Zwei persönliche Erfahrungen, die mich zutiefst betroffen gemacht haben, möchte ich nur am Rande erwähnen. In meiner Dienstzeit als katholischer Priester erlebte ich einen Vorgesetzten, der selbst alle typischen Kennzeichen eines neurotischen Infantilismus trug. Bei sehr hoher Ausprägung seines Intellekts – er war ein gesuchter Hochschullehrer und Prediger – griff er, wenn ihm in theologischen Diskussionen die Argumente ausgingen, plötzlich auf einen ganz naiven Kinderglauben zurück. Er begnügte sich damit, daß andere und viele Leute vor ihm dies und jenes ja auch einfach so geglaubt hätten. Er zeigte auch ein fast kindisches Vergnügen an den Abzeichen seiner kirchlichen Macht und stolzierte an Festtagen eitel wie ein Pfau durch die fromm knicksende und sich bekreuzigende Menge, die er mit Segensgesten bedachte.

In seinem persönlichen Leben – und das war kein Geheimnis – hatte dieser Mann manche Schwierigkeiten sowohl mit seinen Vorgesetzten als auch mit kirchlichen Vorschriften, die er nicht einhielt. Dennoch versuchte er, wenn er von Amts wegen sprach, eine Moral zu verteidigen, die er weder für richtig hielt, noch selber lebte. Im privaten Kontakt war der gleiche Mann ein überaus liebenswürdiger, gescheiter und konzilianter Gesprächspartner, den man ohne Schwierigkeiten als guten Freund akzeptieren konnte.

Das zweite mich erschütternde Ereignis erlebte ich unmittelbar nach meiner Ordination zum geistlichen Amt. Als noch recht unreifer, eben von der Universität kommender Theologe mit viel Flausen im Kopf und ohne bisherige Leistungen und Verdienste mußte ich erleben, wie ein in ganz Deutschland bekannter Universitätsprofessor der Medizin vor mir auf die Knie fiel und meine Hand küßte.

Ich möchte heute noch vor Scham in den Boden versinken, wenn ich an dieses Ereignis zurückdenke und die Leistungen und die Frömmigkeit dieses Mannes mit meinem Leben vergleiche. Dennoch kann ich solche Verhaltensweisen nur unter die aus einer neurotisierenden Kirchenfrömmigkeit erwachsenden Infantilismen einreihen. Aber das unterwürfige und ehrfürchtige Tun steht in einer zwingenden Kette, denn kurz vorher lag ich platt auf dem Bauch und spürte den kalten Kirchenboden, während der weihende Bischof Gebete über uns Kandidaten sang. Der weihende Bischof wiederum war nicht lange vorher seinem Papst gegenüber auf die Knie gesunken und von diesem mit höchst väterlicher Geste wieder aufgehoben worden.

Es mag sein, daß andere Menschen sich in solche Symbolik besser einfühlen können: Ich fand das alles eigentlich immer sehr komisch und lächerlich in einer Gemeinschaft, in der sich alle als Brüder und Kinder des einen Vaters fühlen sollten. Das Machtstreben auf der einen und Verantwortungsfurcht auf der anderen Seite begnügen sich nicht mit solchen Symbolen, die man immerhin als Relikte eines Byzantinismus aus der frühen Kirchengeschichte für museal erhaltenswert einschätzen kann. Wie viele Menschen haben die wichtigsten Entscheidungen auf "Seelenführer", Beicht-"Väter", Klosteräbte, Päpste geschoben, um selber nicht Verantwortung eines erwachsenen Menschen vor dem Schöpfer und dem eigenen Gewissen tragen zu müssen. Auch auf die Muttersucht mancher neurotisch Frommer sei hingewiesen: "Mutter Kirche" und "Mutter Maria" können schutzsuchende Projektionen von Angstneurotikern sein.

58

Es fällt auf, daß relativ viele katholische Priester eine sehr enge Bindung an die eigene Mutter aufweisen, wie wir dies in der Ehetherapie bei bindungsunfähigen ewigen Junggesellen aus nichtgeistlichen Berufen auch finden.

Die Folgen eines psychischen Infantilismus sind für die Patienten und ihre Umgebung belastend. Görres hat sie in seinem Buch "Methode und Erfahrung der Psychoanalyse" (Görres/1961) aufgezählt: das Klebenbleiben an bestimmten Lusterlebnissen, eine ständige Erwartungshaltung bei unangemessenem Anspruchsniveau, die Unfähigkeit zu einem auch nur vorübergehenden Triebverzicht, ständige Trotz- und Protesthaltung, übermäßige Identifikation mit Eltern oder anderen sympathischen Personen, ständige Angst mit starkem Bedürfnis nach Schutz, Anlehnung, Geborgenheit und Autorität.

Im Handbuch der Pastoraltheologie schreibt Görres unter dem Stichwort "Pathologie des katholischen Christentums" ergänzend: "Die Versuchung, in die beglückende und bergende Ursituation der Kinderstube zurückzukehren, ist eine schwere Gefährdung des sittlichen Lebens, die im katholischen Raum oft nicht erkannt wird. Tatsächlich ist das alte Kind ein oft erreichtes Fehlprodukt katholizistischer Erziehung. Der Autorität freilich ist infantiler Gehorsam nicht selten erwünscht, denn er macht ihr das Leben leichter. Die Autorität ist immer versucht, den falschen Gehorsam zu ermutigen, zu fördern und zu belohnen" (zitiert nach Scholl/1980).

In seinem Buch "Kleine Psychoanalyse christlicher Glaubenspraxis" zeigt Norbert Scholl auf, wie in der Kirchengeschichte verdrängte Sexuallust zum Haften an Lustgewinn durch sadistische Praktiken pervertiert wurde. Sadismus und Masochismus als infantile (nämlich in der analen Phase) entstandene Äußerungen des Sexualtriebes gab es leider nicht nur in vergangenen Jahrhunderten in den Handbüchern der Hexenprozesse. Im Frühjahr 1988 wurde ein durch seine Bücher weithin bekannter junger Theologe, der sich auch als Predigtschreiber seines Bischofs verdient gemacht hatte, wegen sadistischer Vergewaltigungen zu einer mehrjährigen Gefängnisstrafe verurteilt.

Der Theologe hatte in verschiedensten Zeitschriften, darunter auch in einschlägigen Pornomagazinen Mädchen und Frauen gesucht, die sich demütigen und unterwerfen lassen wollten. Ursprünglich suchte er "junge Mädchen in Lederkleidung oder Minirock", mit denen er "raufen" wollte. Allmählich wurden seine Praktiken – den Veröffentlichungen nach – immer brutaler. Doch meldeten sich immerhin recht viele junge Frauen, darunter auffällig viele Junglehrerinnen, die zunächst von der Polizei vernommen wurden. Da diese Fälle aber zu einer Anklageerhebung nicht ausreichten, kam der Täter nur für zwei nachgewiesene Fälle vor Gericht. Als Gutachter bescheinigte der Hamburger Sexualwissenschaftler Eberhard Schorsch dem Täter hohe intellektuelle Begabung bei enger Mutterbindung und großer Schwierigkeit, männliche Identität zu finden. Besondere Schwierigkeiten habe der Angeklagte verspürt, weil er im kirchlich geforderten Kampf gegen die Versuchung zur Selbstbefriedigung immer wieder unterlegen war.

Der Täter peitschte sein Opfer aus, zerriß ihm die Kleider und zwang es zu allen möglichen Formen des Geschlechtsverkehrs. In seiner Wohnung hatte er eine Folterkammer eingerichtet; seine Opfer waren in einem Adreßbüchlein sorgsam registriert.

Interessant war die Reaktion der kirchlichen Behörde nach der Verurteilung. Nachdem bei der Verhaftung erst von "Machenschaften von Kirchenfeinden" gemunkelt worden war, ließ man den Täter jetzt fallen und bezeichnete ihn als "Wolf im Schafspelz", der die Kirche hinters Licht geführt habe. Niemand fand es nötig nachzufragen, ob hier nicht ein ganz typischer Fall eines kirchlich verursachten Infantilismus bei dem Achtunddreißigjährigen vorläge.

Von einem Fall einer ekklesiogen mitbedingten Regression in psychischen Infantilismus darf ich aus meiner Praxis noch berichten. Ein dreiundzwanzigjähriger, gutaussehender Student meldete sich zur Therapie wegen schwerer Lernstörung und Examensängsten. Nach einem überdurchschnittlichen Abitur hatte er mit dem Jurastudium begonnen und bekam nun von Semester zu Semester in den stets gut benoteten Klausuren größere Ängste. Die beiden letzten Prüfungen hatte er deswegen unterbrochen. Er sprach auch von einem fast völligen Verlust seines Kurzzeitgedächtnisses. Nach einer hausärztlichen Untersuchung, die keinen pathologischen Befund erbrachte, begannen wir mit psychoanalytischer Behandlung. Schon nach wenigen Stunden entwickelte der Patient eine recht wirksame Art des Widerstandes und entzog sich einige Tage lang jedem analytischen Gespräch, indem er theologische Diskussionen eröffnete. Hier nahm er einen sehr rigiden Standpunkt ein und griff Psychologie wie Tiefenpsychologie an. Als recht hinderlich erwies sich auch, daß der Patient für seine Therapie keinen Pfennig aus eigener Tasche aufbringen mußte, da seine Privatkasse die finanzielle Regelung großzügig übernommen hatte.

Die Besprechung seines Widerstandes war nicht sehr ergiebig. Lösung brachte erst mein Angebot, alle theologischen und pastoralpsychologischen Probleme in einer eigenen wöchentlichen Diskussionsstunde zu besprechen und aus dem analytischen Gespräch herauszuhalten. Leider fand ich am Wohnort des Patienten keinen für solche Diskussionen geeigneten katholischen Seelsorger und mußte daher versuchen, ob meine "Doppelrolle" bei geteilten Stunden akzeptiert würde. Von da an lief die Psychoanalyse erwartungsgemäß weiter. Der Patient träumte sich sehr oft als Kleinkind und berichtete von zahlreichen Madonnen- und Hexenträumen.

Er lebte seit Jahren bei seiner Mutter, die in sehr jungen Jahren Witwe geworden war und seither in ihrer Pfarrgemeinde als "rechte Hand" des Pfarrers, eines sehr alten Herrn, den Hauptteil ihrer Zeit verbrachte. Mit dem Patienten lebten noch eine zwei und eine vier Jahre ältere Schwester in dem Einfamilienhaus

Der junge Mann war – solange er sich erinnern kann – von den drei Frauen sehr verwöhnt worden. Er war und blieb der einzige "Mann" im Haus, da beide Schwestern sich mit dem Gedanken trugen, ins Kloster zu gehen. Auch für den Patienten wünschten sich seine Mutter und die – ziemlich entfernt wohnende – Groß-mutter eine Laufbahn als Priester.

Der alte Pfarrer, bei dem der Junge vom zwölften Lebensjahr an regelmäßig wöchentlich seine zahlreichen Sünden der "Selbstbe-fleckung" zu beichten hatte, riet allerdings aus diesem Grund von dem gesteckten Berufsziel ab. Als für kurze Zeit ein junger Aus-hilfsgeistlicher zur Urlaubsvertretung für den Pfarrer am Ort war, schloß sich der Junge an diesen sehr eng an, und die alten Träume vom "Pfarrer-Werden" lebten wieder auf. Im Verlauf der Freund-schaft mit dem jungen Geistlichen kam es zu mehreren homo-sexuellen Kontakten, die das Gewissen des Patienten nicht allzu sehr belasteten. Dafür begann er aber nun, nach jedem Akt der Selbstbefriedigung sich beim nächsten Stuhlgang mit Kot zu be-schmieren.

Die Bett- und Leibwäsche, die er benützte, durfte nun nicht mehr von der Mutter oder den Schwestern gewaschen werden, denn er hatte Angst, von diesen eine "ansteckende Frauenkrankheit" zu bekommen. Also trug man die Wäsche des Patienten geduldig zur Wäscherei. Oft verlangte er schon nach einer Nacht neue Bettwä-sche.

Das Frischüberziehen des Bettes gab ihm ein starkes Geborgen-heitsgefühl. Ähnliches erlebte er, wenn er den Kot wieder vom Körper – vor allem von Brust und Armen – abwusch. Dabei stellte er sich häufig vor, der junge Geistliche säubere ihn zärt-lich und schlösse ihn in die Arme.

Beim Einzug in ein Studentenheim hörte der Zwang zum Wäschewechseln augenblicklich auf, und auch die Kotschmiererei wurde seltener. Er besuchte von diesem Augenblick an keinen Gottesdienst mehr und vertiefte sich begeistert in sein juristisches Studium.

Sehr verächtlich sprach er von den Studenten in den Nachbarzimmern, von deren Leben er durch häufigen Partylärm und durch Beischlafgeräusche etwas mitbekam. Da er sehr gut aussah, erhielt er zahlreiche Einladungen von Kommilitoninnen, die er aber ausschlug. Er selbst hielt sich für sehr häßlich und für sehr dumm. Als ihn schließlich doch einmal eine Medizinstudentin mit viel Geduld zum Beischlaf verführte, begann – wie er sagte – "zur Strafe" sein "Gedächtnisschwund". In seiner Verzweiflung ging er in eine naheliegende Kirche zum Beichten und wurde von dem Geistlichen in einem langen, für ihn sehr beschämenden Beichtgespräch beschworen, doch endlich seinen liederlichen Umgang mit dem weiblichen Geschlecht aufzugeben und sich auf seine Prüfungen zu konzentrieren.

Die im Beichtstuhl auferlegte Buße machte ihn rat- und hilflos: Er sollte für einen kirchlichen Zweck soviel Geld spenden, wie er zur Verführung des "armen Mädchens" aufwenden mußte. Er wagte es aber dem Priester nicht zu sagen, daß das Mädchen die treibende Kraft für diese sexuelle Begegnung gewesen war und sexuelle Freizügigkeit unter jungen Leuten im allgemeinen nicht mit Geldausgaben verbunden ist. Dies wiederum belastete sein Gewissen erneut, denn er glaubte, eine Beichte ohne Buße sei ungültig und noch dazu eine Sünde des Sakrilegs. Die Prüfungsängste verstärkten sich in den darauf folgenden Wochen so sehr, daß er auf Anraten der genannten Medizinstudentin zu mir in die Praxis kam.

Die psychoanalytische Behandlung dauerte länger als drei Jahre. Der sehr verständige Hausarzt bereitete den Kandidaten jeweils zum Examen rechtzeitig mit Imipramin vor. Die anfangs vom Patienten beklagte Müdigkeit wurde aufgewogen durch normales Prüfungsverhalten und sehr annehmbare Leistungen. Der Patient ist nun seit einigen Jahren glücklich verheiratet und hat zwei Kinder.

Bei diesem Patienten wurde sehr bald ersichtlich, wie wenig er in der Lage war, sich den Forderungen der Mutter und der an Mutters Statt auftretenden Schwestern anders zu entziehen, als durch eine massive Regression in die anale Phase. Eine männliche Identifikationsfigur fehlte ihm fast völlig. Die beiden ehelos lebenden Geistlichen, deren Leben dem jungen Mann nicht eben glücklich und nachahmenswert schien, konnten den Vater nicht ersetzen. Sein erster, fast erzwungener Versuch, sich bei der Studentin als Mann zu beweisen, brachte anschließend neue Selbstzweifel und erlebte Hilflosigkeit in der angestrebten Berufslaufbahn. Haß und Groll gegen die Bevormundung durch Mutter, Schwestern und Priester durften nicht aufgearbeitet werden. Die emotionale Verdrängung und Stauung zeitigte die genannten Zwangsymptome und Unsicherheiten. Ich denke aber, daß den wesentlichsten Teil der Therapie jene junge Medizinstudentin geleistet hat, die voller Liebe und Geduld und trotz zahlreicher gewissensbedingter Zurückweisungen immer wieder in das Bett meines Klienten gekrabbelt ist und ihn nicht aufgegeben hat.

Ein anderer Fall aus meiner Praxis zeigt, wie die Angst vor dem strafenden Gott sich mit infantiler Haltung gegenüber dem Seelsorger zu einer existenzbedrohenden Zwangsneurose verdichtete. Eine fünfundzwanzigjährige Fachverkäuferin wurde mir nach längerem Klinikaufenthalt wegen Waschzwangs zur Psychoanalyse überwiesen. Bis zu achtzigmal am Tag wusch sich die junge Frau die Hände, so oft sie andere Menschen berührt hatte oder wenn sie als Stoffverkäuferin bestimmte Stoffsorten (vor allem Seide und Samt) abgemessen hatte. Solange sie in der Klinik lag und ihre Hände, die schon ganz wund waren, hautärztlich versorgt wurden, konnte man den Zwang mit regelmäßigen Gaben von Doxepin unter Kontrolle halten. Allerdings war das Waschen der verbundenen Hände kaum möglich, und zwangsprovozierende Berührungen fanden seitens der Patientin selten statt.

Nach der Entlassung stellte sich der alte Zwang wieder ein. Die Patientin arbeitete von Anfang an sehr bereitwillig mit und entwickelte kaum Widerstand, aber eine sehr starke Übertragung mit auffälligem Anlehnungsbedürfnis.

Auf einem kleinen oberbayerischen Bauernhof in einem 500-Seelen-Dorf aufgewachsen, war sie das um drei Jahre jüngere von zwei Kindern. Der Sohn erbte später den Hof und wurde Nebenerwerbslandwirt. Zur Ausbildung als Stoff-Fachverkäuferin kam die Patientin mit einundzwanzig Jahren in die Großstadt, nachdem sie vorher eine Einzelhandelsausbildung in einem kleinen "Tante-Emma-Laden" absolviert hatte.

Mit neun Jahren sollte das Mädchen zur ersten Beichte gehen. Sie bekam als Religionslehrer einen jungen Benefiziaten, der sehr nett mit den Kindern umging und den sie abgöttisch liebte. Dies war für sie um so wichtiger, als der eigene Vater Alkoholiker war und die Mutter vor den Augen der Kinder öfter brutal schlug, um dann ohne Entschuldigung und Übergang nachts Geschlechtsverkehr mit der Frau auszuüben. Zumindest akustisch wurden die Kinder Zeugen davon. Der Bruder übernahm vom Vater die Umgangsformen gegenüber Mutter und Schwester und wurde von der Patientin ehrfürchig gemieden.

Während des Beichtunterrichtes erfuhr nun das verängstigte Kind, daß es eine sehr "schmutzige Sünde", nämlich Selbstbefriedigung beichten müsse. Die "Sünderin" hatte sich bis dahin ohne große Bedenken abends im Kinderbettchen Glück und Entspannung mit den kleinen Händchen erzeugt. Als sie die Mutter fragte, was denn die zu beichtende "Unkeuschheit" sei, bekam sie erste Hinweise auf ihre mögliche Schuld, die sich durch vorsichtiges Fragen bei Schulkameradinnen noch verstärkten. Tatsächlich wurde früher im römisch-katholischen Religionsunterricht jede

"Sünde gegen das sechste Gebot" als Todsünde angesehen. Auch im neuen katholischen Kurzkatechismus erhält der Ratsuchende folgende Auskunft:

"Gegen die Keuschheit sündigt, wer die Geschlechtskraft gegen Gottes Ordnung nicht beherrscht, sondern allein oder mit anderen mißbraucht; wer eine geschlechtliche Lust gegen die Ordnung Gottes durch Gedanken, Unterhaltung, Lesen usw. sucht und andere verführt. Gott verlangt Reinheit in Gedanken, Worten und Werken und verbietet alles, was an Spielen, Tänzen, Liedern, und in Büchern in irgendeiner Weise zur Unkeuschheit führen kann" (Albertus-Magnus-Kolleg/1986).

Das Mädchen schämte sich – wie mir berichtet wurde – nunmehr unsäglich, solch "schweinische Sachen" zu machen und machte sie in angsterfüllten Nächten nur um so häufiger. Der Tag der Erstbeichte rückte immer näher, und mit Grauen dachte die Patientin daran, daß sie nachher der Herr Benefiziat wohl nicht mehr anschauen würde, wenn er auch wegen des Beichtgeheimnisses sicher nichts zu ihr oder anderen Menschen außerhalb des Beichtstuhles sagen würde.

Am Tag der Erstbeichte bekam sie hohes Fieber, ging aber doch zur Beichte und verschwieg bei dem leisen Gestammel ihrer Sünden die "unendlich große Schweinerei". Den Beichtstuhl verließ sie schuldbewußt, weil sie gelernt hatte, daß jede unaufrichtige Beichte eine neue Todsünde vor Gott sei. Am Tag der Erstkommunion ging sie mit wankenden Knien zum Empfang der Hostie an den Altar, denn auch jeder Kommunionsempfang ohne vorausgehende gültige Beichte gilt für den Todsünder als neue Todsünde.

So häufte das arme Mädchen Monat um Monat schwere Sünden auf das eigene Gewissen und war davon überzeugt, von Gott für immer verdammt zu werden.

Als die Patientin mit einundzwanzig Jahren in die Stadt kam, gab sie Kirchenbesuch und Kommunionsempfang schließlich ganz auf und trat aus der Kirche aus. Den einst heiß verehrten Priester hatte die Patientin längst aus den Augen verloren, aber auch mit anderen geistlichen Männern konnte sie ihre sexuellen Probleme nicht besprechen. "Die leben selbst keusch; die würden mich nie verstanden haben!"

nannte der 45jährige Patient diese Skizze eines immer wiederkehrenden Traumes: der Tod steht in der Kleidung eines katholischen Bischofs vor dem Patienten, der sich in ein junges Mädchen
verwandelt hat und um Vergewaltigung bittet. Der Tod trägt
neben einer Sense (deren Darstellung verrät, daß der Patient aus
der Großstadt stammt und nie ein solches Werkzeug gesehen
haben dürfte) eine lange Schriftrolle, die er im Traum "Meine
heilige Schrift" nennt und die alle Gebote enthält. Wegen seines
Bettelns um Vergewaltigung trifft den Patienten im nächsten Augenblick der strafende Blitz Gottes, der alles sieht. Der Patient ist
katholischer Priester mit starken homoerotischen Neigungen. Er
kam wegen nächtlicher Angstzustände und eines fast stündlich
wiederkehrenden Ipsations-Zwanges in analytische Behandlung.
Nach dreijähriger Psychoanalyse gelang dem Patienten die Sub-
limierung des Geschlechtstriebes in wissenschaftliche Arbeit bei
monatlich etwa zwei Kohabitationen mit einer befreundeten in
Trennung von ihrem Mann lebenden Frau.

Der Patient hat die Skizze auf meine Bitte hin an dem Morgen
nach einem solchen Traum in etwa 15 Minuten angefertigt.

Die Not mit der Sexualität

Es ist auffallend, wie häufig bei ekklesiogenen Neurosen sexuelle Motive mit eine Rolle spielen. Bei der Belehrung der Laien werden für die Lösung sexueller Probleme das sechste und neunte Gebot herangezogen. Man legt diese Gebote so aus, daß sie für alle in Frage kommenden sexuellen Gedanken, Wünsche und Handlungen angewendet werden können.

Ursprünglich und im Kontext des Alten Testaments ist das sechste Gebot ausschließlich Eigentumsschutz für den Mann. Als Ehebruch ist nur die Tatsache zu werten, daß die mit einem Mann verheiratete Frau von einem anderen Mann zum Beischlaf gebracht wird. In diesem Fall ist für die Ehebrecherin und den Ehebrecher die Todesstrafe vorgesehen. Ein verheirateter Mann konnte dagegen – wenn er sich nicht eben die mit einem anderen Mann verheiratete Frau aneignete – keinen Ehebruch begehen. Verkehr mit unverheirateten Mädchen und mit Dirnen war für den Ehemann kein Ehebruch. Damit konnte der Mann sicher sein, daß sein Nachwuchs tatsächlich aus seiner Geschlechterfolge kam. Das war um so wichtiger, als man sich ja in der Ahnenkette sah, die irgendwann einmal dem Auserwählten Volk den Messias schenken sollte.

Insofern nahm man den Ehebruch auch als Bild für das Verhältnis Jahwes zu seinem Volk und sah in einem Ehebruch ein religiöses Vergehen. Nicht verboten war es dem Ehemann, eine Frau aus einem wichtigen Grund "offiziell zu entlassen". Die Frau hatte dann keinerlei soziale Sicherung, wurde von den Familien gemieden, und der Mann konnte wieder heiraten – soweit nicht während bestimmter Zeiten ohnehin das Recht auf mehrere Ehefrauen bestand. Die Einehe setzte sich nämlich in der Geschichte des Volkes Israel erst allmählich durch und wurde durch keines der "göttlichen Gebote" vorgeschrieben. Gegen die genannte Scheidungspraxis richtet sich ganz ausschließlich das Wort Jesu:

"Deshalb wird ein Mann Vater und Mutter verlassen und seinem Weib anhangen, und die beiden werden ein Fleisch sein. Also sind sie nicht mehr zwei, sondern ein Fleisch. Was nun Gott verbunden hat, das soll der Mensch nicht trennen!" (Matthäus 19,4 ff.).

Schon die Männer der frühen Kirche suchten bei der Niederschrift des Matthäus-Evangeliums zwischen den Jahren 70 und 110 nach Christus wenigstens ein Entlassungsrecht für verheiratete Männer zu retten. Dies war nach dem parallel zum jüdischen Recht geltenden römischen Scheidungsrecht ohnehin ganz anders geregelt. Im römischen Recht, das auch von den Juden in Anspruch genommen werden konnte, durfte sowohl der Mann als auch die Frau die Scheidung beantragen. Für wirklich fromme Juden galt natürlich lange Zeit noch das jüdische Scheidungsrecht, das Jesus für seine Anhänger so aufhob:

"Es ist euch gesagt: Wer seine Frau entläßt, gebe ihr einen Scheidebrief. Ich aber sage euch: Jeder, der seine Frau entläßt, der macht sie zur Ehebrecherin!" In dieses ursprüngliche Wort Jesu wurde später noch ganz schnell folgende Ausnahme eingeschoben: "Jeder, der seine Frau entläßt, es sei denn wegen Unzucht, der macht sie zur Ehebrecherin." Ein weiter Weg führt von dem Eigentums-Schutz für Ehemänner auf ihre Ehefrau im sechsten Gebot zu dem katholischen Beichtspiegel: Sechstes Gebot: "Du sollst nicht Unkeuschheit treiben".

Der Historiker Karlheinz Deschner hat in seiner Sexualgeschichte des Christentums "Das Kreuz mit der Kirche" (Deschner/1974) Licht in diese verhängnisvolle Entwicklung zu bringen gesucht. Der Ordinarius für katholische Kirchengeschichte an der Universität Bamberg Georg Denzler hat aus der Sicht des Theologen neuerdings ebenfalls einen Überblick über 2000 Jahre christliche Sexualmoral gegeben (Denzler/1988).

Sexualfeindlichkeit ist danach keine Erfindung der Christen und ihrer Kirchen, sondern sie ist im vorchristlichen Zeitraum, und zwar schon bei den alten Babyloniern und vor allem in der griechischen und römischen Antike immer wieder festzustellen.

Bei den Semiten trug, wie der Historiker Eduard Meyer feststellte, "das Geschlechtsleben einen geheimnisvoll-religiösen Charakter. Der Geschlechtsakt wird daher als eine sakrale Handlung aufgefaßt".

Denzler macht auf den verdienten katholischen Theologen und Tiefenpsychologen Josef Goldbrunner aufmerksam, der nicht aufhörte, zu betonen, wie entscheidend es für die Realisierung des Glaubens sei, "ob Eros und Religion, Liebesfähigkeit und Gottesverhältnis in einem feindlichen Dualismus getrennt sich gegenseitig stören oder ob eine Synthese gefunden wird, in der sie einander fördern" (Goldbrunner/1954).

Der Ordinarius für Moraltheologie an der katholischen theologischen Fakultät der Universität München Johannes Gründel hat das ähnlich lautende Anliegen unseres gemeinsamen Münchner Lehrers Richard Egenter in verschiedenen Veröffentlichungen aufgenommen. In seinem Buch "Die Zehn Gebote in der Erziehung" schreibt er "von einer Verengung der christlichen Sexualmoral durch die Einflüsse römischen Rechtsdenkens auf die Auslegung des sechsten Gebotes":

"Gerade in der frühchristlichen Zeit hat dieses Gebot wie kein anderes der Zehn Gebote eine Ausweitung und eine verhängnisvolle Vereinseitigung erfahren, die das gesamte christliche Sündenverständnis beeinträchtigen sollte. . . Das Sexualverhalten wurde vornehmlich, teilweise sogar ausschließlich unter das Ziel der Zeugung neuen Lebens gestellt. Dieser Zeugungsgedanke gründete unter anderem in römisch-rechtlichen Einflüssen. An der untermenschlichen Natur – am Verhalten der Tiere während der Brunstzeit – glaubte man ablesen zu können, was auch für den Menschen als natürlich zu gelten habe. So erblickte man in der Zeugung das Hauptziel menschlicher sexueller Betätigung; die

Befriedigung des Triebverhaltens ließ man höchstens als Neben-ziel gelten. Von Liebe war keine Rede!" Gründel klagt weiter über die Sexualerziehung der katholischen Kirche: "Als Vorbereitung auf die Ehe begegnet dem jungen Menschen nur ein Katalog von Verboten: Du sollst nicht... du darfst nicht! Derartige Normen waren keine Hilfen für den jungen Menschen, seine eigene Se-xualität zu bejahen und die sexuellen Triebkräfte in das gesamt-menschliche Verhalten einzuordnen" (Gründel/1979).

Wer sich mit Gewissensfragen – vor allem römisch-katholischer Sexualneurotiker – auseinandersetzen will, findet in der umfang-reichen kirchengeschichtlichen Untersuchung der Essener Reli-gionswissenschaftlerin Uta Ranke-Heinemann "Eunuchen für das Himmelreich" sehr viel wissenschaftliches Material in leicht lesbarer Form. Nicht selten vermag ja schon der so nebenbei ge-gebene Hinweis auf Entstehungszeit und Entstehungsgründe kirchlicher Sexualgebote einem Patienten den Weg zu mehr Selbständigkeit in seinen Gewissensentscheidungen zu öffnen, da er damit das Gewicht der in der Erziehung oft sehr autoritär als „Gottes Gebot" verkündeten Verhaltensregeln relativieren kann (Ranke-Heinemann/1988).

Klerikale Sexfeindlichkeit

Hat man im Rahmen pädagogischer oder therapeutischer Tätigkeit mit Mißbildungen christlicher – vor allem katholischer – Sexualethik zu tun, tut man gut daran, nach den Gründen für solche kirchliche Sexualfeindlichkeit zu fragen, um Angriffe theologischer Scharfmacher richtig einordnen und beantworten zu können.

Mein verehrter Lehrer, der Religionsphilosoph und Tiefenpsychologe an der Universität München, Fritz Leist, hat noch kurz vor seinem Tode erfahren müssen, wie bösartig katholische Kleriker selbst auf sachliche Darstellungen kirchlicher Sexualprobleme durch Männer der eigenen Kirche reagieren. Leist, der als Religionsphilosoph viele Jahre lang angehende Priester ausbildete und ein tieffrommer Mann war, wurde plötzlich in der "Münchener Katholischen Kirchenzeitung" als "Wissenschaftlicher Beischlafrat" verhöhnt und in anderen katholischen Kirchenzeitungen Bayerns zum "Apostel des Unterleibs" qualifiziert. Das Buch, das der Hauptanstoß für die unflätige Kampagne der Kirchenpresse war, mußte auf Betreiben nicht näher genannter "kirchlicher Kreise" vom Herder Verlag aus dem Handel zurückgerufen und eingestampft werden (Leist/1972). "Der Spiegel" berichtete ausführlich darüber.

In dem Buch "Der sexuelle Notstand und die Kirchen" hatte Fritz Leist aus dem Blickwinkel der Pastoralpsychologie die Krankengeschichten von 62 größtenteils verheirateten Christen und fünf unverheirateten katholischen Priestern bezüglich ihres Sexuallebens veröffentlicht.

Die Berichte, die – ebenso wie die Falldarstellungen dieses Buches – mit ausdrücklicher Genehmigung der anonym bleibenden Patienten veröffentlicht wurden, waren katholischen Geistlichen zu "unseriös". Einen ganz gleichlautenden Vorwurf erntete noch im Jahr 1987 auch ich, als ich am Städtischen Bildungszentrum Nürnberg Vorlesungen für Lehrer, Erzieher und Eltern über die Verhütung ekklesiogener Neurosen hielt und Fallbeispiele aus meiner Praxis darstellte. Der für Nürnberg zuständige römisch-katholische Dekan beschwerte sich über die Unseriosität der Fallbeispiele, weil sie einerseits meine Patienten indiskret bloßstellten und (im Satz darauf) weil sie andererseits (!) ohne Namensnennung erfolgten, so daß er ihre wissenschaftliche Richtigkeit ja gar nicht nachprüfen könne.

Wenn ohne jede generelle oder persönliche Schuldzuweisung seelische Erkrankung dargestellt und über ihre Vermeidung oder Heilung diskutiert wird, muß es schon etwas Besonderes mit der psychischen Beschaffenheit derer auf sich haben, die mit wüsten Schimpfkanonaden und allen möglichen Pressionen verhüten wollen, über ekklesiogene Neurosen zu sprechen.

Der katholische Moraltheologe an der Universität Freiburg, Stephan H. Pfürtner, ist ebenso wie sein amerikanischer Fachkollege Charles E. Curran ein Opfer kirchlicher Vertuschungsversuche geworden. In seinem Buch "Kirche und Sexualität" (Pfürtner/1972) untersuchte er das neurotische Syndrom der Sexualfeindlichkeit der römisch-katholischen Kirche. Er setzte sich für eine "legitime Emanzipation der Sexualität" sowie eine "Erziehung zur Sexualität" mit ihrer Sinnvielfalt und für den Vorrang des menschlichen Glücks und der menschlichen Selbstbestimmung vor Institutionen und Geboten ein. Pfürtner bezeichnete als unmoralisch nur jenen sexuellen Glücksgewinn, der die Kosten dafür auf andere abwälzt. Daraufhin erhielt er kirchliches Berufsverbot. Charles E. Curran widerfuhr aus ähnlichen Gründen 1987 das gleiche.

Auf dem achten Welt-Kongreß für Sexologie hat 1987 der evangelische Pfarrer und Arzt Klaus Thomas vom I.H. Schultz-Institut für Psychotherapie in Berlin auf die Häufigkeit sexueller Probleme bei Pfarrern hingewiesen. Er untersuchte aus dem Patientengut seiner Beratungsstelle die Krankengeschichten von 596 evangelischen Pfarrern, 360 katholischen Welt- und Ordensprie-stern und 20 Ordensbrüdern und -schwestern. Auch 520 andere im kirchlichen Raum hauptberuflich tätige Personen waren in der Untersuchung vertreten.

In seiner Praxis hat Thomas nach eigenen Angaben bisher mehr als 1000 Patienten mit ekklesiogen bedingten neurotischen De-pressionen gesehen. Die hohe Zahl dieser Form der Störung in dieser Praxis hängt sicher damit zusammen, daß Klaus Thomas eine Selbstmord-Verhütungs-Stelle leitet. Nach den Angaben von Thomas sind etwa 10% bis 15% der in normalen Praxen behan-delten Neurotiker an einer ekklesiogenen Störung erkrankt. Bei 1250 Onanie-Skrupulanten waren sogar 97%, bei 300 Homo-sexuellen 94% und bei 300 sexuell anderweitig Abartigen 80% der Fälle ekklesiogen bedingt.

Als besonders störend fand Thomas das Keuschheitsgelübde der Ordensleute, die Zölibatspflicht der katholischen Priester und die ständige Überforderung protestantischer Pfarrers-Ehen, in denen oft extreme sexuelle Schwierigkeiten auftreten (Thomas/1987).

Daß auch weltweit angesehene Theologen vor Sexualneurosen nicht geschützt sind, hat die Ehefrau des 1965 verstorbenen großen Theologen und Friedenspreisträgers Paulus Tillich, Frau Hannah Tillich, in ihrer 1973 erschienenen Autobiographie "Von Zeit zu Zeit" dargestellt. Da berichtet sie von Gruppensex, an dem das Ehepaar teilnahm und von unzähligen sexuellen Abenteuern ihres Mannes – eines davon in der Hochzeitsnacht, die er nicht zusammen mit seiner eben angetrauten zweiten Ehefrau Hannah verbrachte. Von seiner ersten Frau war er wegen Hannah geschie-den worden. Noch in späteren Jahren verbarg Tillich nach Angaben seiner Frau Porno-Lektüre zwischen seinen zahlreichen theologischen Büchern und war sehr enttäuscht, als seine Frau auf den Rat eines Psychologen hin diese Praxis guthieß. Nur das Verbotene befriedigte den so sensiblen und vergeistigten Mann auf sexuellem Gebiet. Hier von Doppelleben und Unglaubwürdigkeit eines Theologen zu sprechen, wäre sicherlich verfehlt. Das Beispiel sollte vielmehr zeigen, wie zerbrechlich menschliche Sexualität und das Leben als Frau oder Mann ist, wenn übergroßer moralischer Erwartungsdruck unerträgliche Zwänge schafft.

Zölibatär lebende Menschen dürften diese Anfälligkeit oft noch viel drastischer erfahren. Dementsprechend aufgeregt und gereizt werden manche dieser psychisch total überforderten Amtsträger reagieren, wenn ihnen die Macht des Sexualtriebes und die Ohnmacht vieler Menschen vor Augen geführt wird: weil – wie Christian Morgenstern sagt – "nicht sein kann, was nicht sein darf!"

Dieser gegen die Realitäten der göttlichen Schöpfung geifernde Eifer aber ist es, der das Anliegen Josef Goldbrunners und vieler anderer verantwortungsbewußter Theologen und Psychologen so erschwert: christliche Religion und sexuelles Leben des Menschen miteinander in Einklang zu bringen.

Die Folge dieser existentiellen Unstimmigkeit sind schwerste Neurosen, manchmal bis hin zur Selbsttötung, Ängste und Depressionen vieler Amtsträger, Skandale in den Kirchen und Austritte vitaler Menschen aus diesen Kirchen.

Die Ehelosigkeit, die Jesus nur den Mitarbeitern empfiehlt, die es fassen können, wurde zwar schon auf der Synode von Elvira in Südspanien in Jahr 306 propagiert, aber erst um die Wende zum fünften Jahrhundert von den römischen Päpsten Siricius und Innozenz I. als Gesetz im Abendland verkündet. Die Mittel, diese Forderung durchzusetzen, muten uns heute unmenschlich und verbrecherisch an. Deschner hat sie in seiner Sexualgeschichte des Christentums mit Akribie beschrieben. Dennoch ist es auch dieser sich so mächtig gebärdenden römisch-katholischen Glaubensgemeinschaft in keinem einzigen Jahrhundert der Kirchengeschichte gelungen, das Zölibat wirklich bei sämtlichen Prie-

stern und Bischöfen durchzusetzen. Die Zeche solcher Doppel-
moral zahlen die von neurotisierten Priestern geleiteten Gläubigen, die von ihnen in den Schulen unterwiesenen Kinder und vor
allem die von solchen Junggesellen verführten Geliebten.

Wenigstens die weiblichen Geliebten katholischer Priester
melden sich jetzt immer lauter zu Wort und fordern ihr Recht auf
Ehe und Familie ein. Auf einem im Frühjahr 1988 organisierten
Treffen der "Vereinigung katholischer Priester und ihrer Frauen"
trafen sich bereits 200 eingeschriebene Mitglieder. Sie schätzen,
daß im Gebiet der Bundesrepublik etwa 6000 bis 8000 katholische Priester aus Liebe zu einer Frau Beruf und oft auch bürgerliche Existenz aufgegeben haben und daß 70 Prozent der noch im
Dienst befindlichen Geistlichen das Zölibat ohnehin nicht einhal-
ten.

Man mag zu diesen Zahlenangaben stehen wie man will, letztendlich ist es nicht die Zahl, die entscheidet, ob eine kirchliche
Maßnahme neurotisierend wirkt.

Einige besonders tragische Fälle von Zölibats-Opfern unter
meinen Patienten werde ich nie vergessen können. Da wurde mir
von einem Bischof ein junger Geistlicher zur Behandlung empfohlen, der immer wieder wegen Eigentumsdelikten in staatsan-
waltschaftliche und polizeiliche Ermittlungen verwickelt war. Er
stahl wertlose Schokoladentäfelchen und Damenunterhöschen
von den Ramschtischen einiger Kaufhäuser. Er hätte die Ware
auch kaufen können, aber nur in der Spannung des Diebstahls
sublimierte er auftretende sexuelle Spannungen, und zum Bild
der Schokoladentafeln assoziierte er regelmäßig das Gesicht
seiner guten alten Mutter, deren ganzer Stolz der Priestersohn
war. Die Behandlung mußte ergebnislos abgebrochen werden,
weil sich der Patient in seinem Vorsatz, das Zölibat zu halten,
durch die Traumarbeit gefährdet sah und ich ihm diesbezüglich
nicht widersprechen konnte.

Die Geliebte eines Pfarrers – eine sehr fromme und für die Pfarr-gemeinde aufopfernd tätige junge Frau – kam wegen schwerster Depressionen zu mir. Ihre Niedergeschlagenheit schien mir kei-nesfalls endogen zu sein, sondern war eine verständliche Reak-tion auf eine unverständliche Situation. Sich-Verlieben ist schließlich keine Neurose, schon gar keine ekklesiogene. In meiner Ratlosigkeit schickte ich die extrem gefährdete Frau zum Psychiater mit der Bitte um medikamentöse Hilfe.

Als ich zufällig ein Jahr später den betreffenden Pfarrer wieder traf, erzählte er mir nicht ohne Stolz, daß er den Pfarrhaushalt jetzt alleine führe und auf allen Komfort verzichte. Auf die Dauer könne man doch nicht ohne sexuellen Kontakt neben einer jungen Frau im gleichen Haus leben. Die Haushälterin – eben meine frühere Patientin – habe er daher aus ihrem Arbeitsverhältnis ent-lassen müssen.

Der in der Folgezeit etwas verhungert und bezüglich seiner Klei-dung auch etwas verwahrlost aussehende Stadtpfarrer wurde zum verehrten Mittelpunkt zahlreicher frommer Frauen seiner Pfarrei, die ihm Verpflegung und frische Wäsche in das Haus trugen. An die verschollene Haushälterin dachte niemand mehr. Hexen, die fromme Priester verführen, werden nicht mehr verbrannt, sondern gesellschaftlich und oft auch beruflich "hingerichtet".

Über das Schicksal der mit katholischen Priestern auch sexuell zusammenlebenden Frauen, der "Pfarrersliebchen" oder "Zöli-batessen", wie der Volksmund sagt, berichtet die Südtirolerin Ursula Goldmann-Posch in ihrem Buch "Unheilige Ehen" (Gold-mann-Posch/1988).

Zu den Schattenseiten des Zölibats äußerten sich in letzter Zeit u.a. auch die beiden katholischen Theologieprofessoren Huber-tus Mynarek von der Universität Wien und Horst Herrmann von der Universität Münster. Während Herrmann nach der Veröffent-lichung seines Buches "Die sieben Todsünden der Kirche", in dem er auch über "Die Unkeuschheit der Keuschen" ein Kapitel verfaßte, seine kirchliche Lehrerlaubnis verlor (Herrmann/1976), widmete Mynarek ein Kapitel seiner Veröffentlichung "Eros und Klerus – vom Elend des Zölibats" (Mynarek/1980) dem Thema "Schuldbewußtsein und Neurosen bei Klerikern – Folgen des Zölibatsgesetzes." Mynarek, der bis 1972 Dekan der katholischen Fakultät der Universität Wien war, schrieb einen offenen Brief an den Papst und trat aus der römisch-katholischen Kirche aus. Der Religionswissenschaftler erhielt daraufhin kirchliches Berufsverbot und wurde vom Staat pensioniert. Seither arbeitet er als freier Schriftsteller und veröffentlichte eine Reihe weiterer philosophischer und religionspsychologischer Bücher.

Mynarek bemerkt über Neurosen der Geistlichen wörtlich: "Die Universalität der erotisch-sexuellen Bedürfnisse bei allen Menschen, also auch bei den Priestern, die damit bei den letzteren gegebene Notwendigkeit, gegen das kirchliche Verbot der Befriedigung dieser Bedürfnisse immer wieder zu verstoßen, schafft eine breite Basis klerikalen Schuldbewußtseins, die von den kirchlichen Machthabern ausgiebig genutzt werden kann. Theologen, die das Zölibatsgesetz der Kirche nicht halten, haben einen besonderen Grund, sich als kirchentreue, systemkonforme Männer zu exponieren, und zwar entweder deshalb, weil sie glauben, ihre Sünde auf diese Weise vor den Augen der offiziellen Kirche verbergen zu können, oder deshalb, weil dieselbe beide Augen zuzumachen pflegt, wenn der ihr bekannte Zölibatsbrecher sich sonst willig von ihr manipulieren läßt bzw. wenn er sich in anderer Hinsicht Verdienste um diese Institution erworben hat."

"Ein Priester, dem normalerweise seit seiner Kindheit, in intensivster Weise jedoch spätestens seit seinem Eintritt ins Priesterseminar oder ins theologische Studium, die repressive Sexualmoral der Kirche eingetrichtert wird, der aufgrund solcher Motivation wertvollste Energien für einen letztlich aussichtslosen Kampf gegen eine biologisch-anthropologische Grundstruktur zu verschwenden gezwungen ist, hat schon derart viel lähmende Resignation und Depression, Unruhe, Friedlosigkeit, Gewissensnot und Verzweiflung erlebt und internalisiert, daß ihm in den allermeisten Fällen der Wille und der Mut zum aktiven, engagiert-gezielten Aufbegehren gegen die das Zölibatsgesetz Verordnenden und seine Einhaltung Überwachenden fehlt."

Horst Herrmann macht in diesem Zusammenhang auf das klassische Beispiel des Papstes Paul VI. aufmerksam, der in seiner Enzyklika zur Verteidigung des Zölibats zeitweise Übertretungen des Keuschheitsgebots durch Priester mit irgendwelchen Geliebten für moralisch erträglicher erklärte, als den Versuch eines Priesters, eine nach staatlichem und kirchlichem Recht gültige dauerhafte Ehe einzugehen. Ein so eingestellter Klerus kultiviert nach Herrmanns Meinung "ein obszönes Eherecht". Der Theologe macht dabei vor allem auf die katholische Scheidungspraxis aufmerksam: Gescheiterte Ehen hält sie für gültig und unauflöslich und verunmöglicht damit Zweitehen oder belastet diese als "religiöses Konkubinat" schwer.

Auch auf die "unmenschliche Einmischung" zölibatärer Amtsträger in die eheliche Liebe nach den Maßstäben der päpstlichen Enzyklika "Humanae Vitae" kommt Herrmann zu sprechen. Diese Enzyklika, die nicht nur einzelne Seelsorger, sondern ganze Bischofskonferenzen aus guten Gründen immer wieder weginterpretieren und zu relativieren suchen, wird durch das päpstliche Lehramt bis in unsere Tage als strenge Gewissenspflicht gepredigt und den Gläubigen eingeschärft. Der Papst ist für Katholiken auch in "Sittenlehren" unfehlbar und verkündet Gottes Willen!

Wie schädlich und neurotisierend sich das Gebot des Papstes, ehelichen Verkehr nur ohne Verhütungsmethoden – von der empfängnisfreien Zeit abgesehen – durchzuführen und andernfalls eben auf dieses Zeichen ehelicher Liebe zu verzichten, möchte ich an der Krankheitsgeschichte eines Patienten aufzeigen.

Ein fünfzigjähriger Mann bekommt seit Jahren Asthmaanfälle, die im Lauf der Zeit immer häufiger auftreten. Lungenärztliche Untersuchungen und verschiedene Tests des Allergologen ergeben keinen für eine Behandlung hilfreichen Hinweis auf die Genese. Der Lungenarzt gibt dem Patienten meine Adresse, und wir beschließen als Ultima ratio den Versuch einer Psychoanalyse. Der Mann ist streng katholisch und mit einer sehr mütterlichen, noch "katholischeren" Frau verheiratet. Der Ehe entstammen zwei Kinder, die eine Berufsschule besuchen. Da der Mann als kleiner Beamter sich keine größere Wohnung leisten kann und die Frau sich auch schon dem 40. Lebensjahr nähert, darf unter gar keinen Umständen noch ein Nachzügler in die Familie geboren werden.

Der "Beichtvater" der Frau erlaubt zur Empfängnisverhütung nach den Vorschriften von "Humanae Vitae" nur die Beschränkung des Geschlechtsverkehrs auf die empfängnisfreien Tage. Der Hausarzt warnt vor diesem "römischen Roulette". Man beschließt totale sexuelle Enthaltsamkeit. In der Folgezeit bekommt der Mann Asthma, so oft er das Schlafzimmer betritt; schließlich richtet er sich jeden Abend sein Bett im Wohnzimmer.

Im Lauf der Zeit stellt sich das Asthma auch dann ein, wenn jüngere Freundinnen der Frau zu Besuch kommen. Der Mann zieht sich immer mehr von der Familie zurück, worauf die Frau mit depressiven Verstimmungszuständen reagiert und noch häufiger in die Kirche geht. Man beschließt eine Wallfahrt zu einer oberbayerischen Madonnenfigur, und tatsächlich bleiben danach für ein paar Wochen die Asthmaanfälle wenigstens untertags aus. Dem Außenstehenden fällt bei solchen oft in höchster Not beschlossenen Pilgerfahrten zu derlei "heilbringenden" Orten die Unterscheidung zwischen gesundem religiösem Vertrauen und infantil-magischer Erwartungshaltung schwer. Dann verschlimmert sich der Zustand des Patienten plötzlich rapide. Der Hausarzt denkt an Cortison-Behandlung.

82

In dieser Situation beginnt der Patient bei mir eine Psychoanalyse und erzählt aus seiner Kindheit von der fromm-besorgten und dominierenden Mutter. Wegen des großen Leidensdruckes bringe ich den Patienten auch in Kontakt mit einem verständnisvollen Seelsorger seiner Konfession, der sich nicht um päpstliche Anordnung kümmert und dazu ermuntert, die liebesunerfahrenen und gefährlichen Vorschriften von "Humanae Vitae" zu übertreten. Ich unternehme gleichzeitig zur Einleitung jeder Analysestunde mit dem Patienten bioenergetische Übungen nach Alexander Lowen, die vor allem Zwerchfell und Atmung betreffen, um die unterdrückten und zu Spasmen führenden Energien richtig zu kanalisieren.

Der katholische Geistliche führte auch einige Seelsorgegespräche mit der Ehefrau, die sich überzeugen ließ, daß der Ausdruck ehelicher Liebe mit verantwortlicher Geburtenplanung aus christlicher Sicht durchaus vertretbar ist.

Aus diesem wie dem früher genannten Beispiel des schokoladestehlenden Priesters geht deutlich hervor, daß dem Wirken des Psychotherapeuten gerade bei kirchlich sehr stark gebundenen Menschen ebenso Grenzen gesetzt sind wie den Bemühungen des Arztes. Es erweist sich daher als hilfreich, wenn Zusammenarbeit mit gebildeten und nicht neurotischen Seelsorgern der großen Konfessionen möglich ist.

Es ist unschwer festzustellen, daß ein Großteil der genannten Anlässe zu neurotischem Verhalten nur im Bereich der römisch-katholischen Kirche vorhanden ist. Evangelische Christen sind von Jugend auf dazu erzogen, mehr der Stimme des eigenen Gewissens recht zu geben. Ihre Bindung an die Kirche ist – wie auch aus vielen Umfrageergebnissen hervorgeht – lange nicht so stark wie die der Katholiken. Daß die durch ein psychisch nicht verarbeitetes Zölibatsgesetz neurotisierten Geistlichen nicht nur schädigende Täter sind und Seelsorgebefohlene oder Schüler in Neurosen treiben können, sondern daß sie immer auch selbst schwer geschädigt sind und daher unser Mitleid und nicht unseren Zorn verdienen, möchte ich abschließend an zwei Beispielen evident machen.

Der Wiener Theologe und Psychotherapeut Alfred Kirchmayr berichtete kürzlich auf einer Tagung des Komitees "Christenrechte in der Kirche" über die Psychotherapie bei einem an einer Zwangsneurose leidenden katholischen Priester:

"Heute herrscht in unserer Kultur eine paradoxe Situation vor, daß ein ganzes Heer von Beschwichtigungshofräten in vielerlei Gestalt dazu aufgeboten wird, Realangst wegzunehmen und als völlig unbegründet und irrational hinzustellen, z.B. Angst vor atomarer Verseuchung und Bedrohung, vor ökologischer Selbstvernichtung, vor psychosozialer Zerstörung des Menschlichen. Dagegen wird durch viele öffentliche Institutionen neurotische Angst erzeugt, die den Menschen einengt, psychisch enteignet, dumm und brav macht. Diese Ängste sind die ideale Voraussetzung dafür, daß in den enteigneten Seelen Fremdherrschaft errichtet werden kann. Denn neurotische Ängste – Triebängste, Gewissensängste (Schuldgefühle), Berührungs- und Kontaktängste – sind mit massiven Abwehrprozessen verbunden. Dies führt dann oft dazu, daß nicht reale Bedrohung Angst auslöst, sondern phantasierte, von Seelenvergewaltigern in die Psyche ein-gebildete Gefahren.

Zur Veranschaulichung einer solchen Fremdherrschaft möchte ich kurz den Initialtraum eines an einer Zwangsneurose leidenden Priesters berichten: Dieser Priester befand sich in einem großen Krankenzimmer. Links und rechts von ihm standen je sechs Betten. Auf jedem dieser Betten liegt ein Kardinal in vollem Ornat, total verkalkt und verblödet. Soweit also das Traumbild, das nicht nur das starre Über-Ich symbolisiert, sondern dieses auch zugleich als lebensfeindlich entlarvt. Dieser Priester, der sich körperlich fast zu Tode gearbeitet hatte, war auch psychisch schlimm belastet. Sein Lebensmotto war: Höre auf die Autorität

84

und nicht auf dich selber! Sei immer für andere da! Innerhalb weniger Monate begann ein befreiender Prozeß, der sich auch in einem aufschlußreichen Traum widerspiegelte: Er träumte, daß er beim Heurigen in Wien mit Papst Johannes Paul II. diskutierte" (Kirchmayr/1987).

Das andere Beispiel entnehme ich einem auch für den konservativsten Katholiken und Theologen unverdächtigen Lehrbuch, das seit 1937 in unzähligen Auflagen erschienen ist und mir mit der bischöflichen Druckerlaubnis vom 9. Januar 1959 vorliegt. Es ist das "Handbuch der Katholischen Moraltheologie" von dem Kapuzinerpater Heribert Jone, mit dem tausende und abertausende deutschsprachiger junger Priester für ihre Arbeit im Beichtstuhl ausgerüstet wurden. Heute noch bestimmt es das Urteil des inzwischen weitgehend überalterten katholischen Seelsorgeklerus mit.

Der Moraltheologe Jone schreibt u.a.: "Eine direkt gewollte geschlechtliche Regung ist immer schwer sündhaft, mag sie auch noch so kurz und unbedeutend sein." Oder an anderer Stelle: "Dauert die Versuchung lange an, so besteht selbstverständlich keine Pflicht, jeden Augenblick entgegengesetzte positive Akte zu setzen, obwohl die Erneuerung des Mißfallens von Zeit zu Zeit anzuraten ist." Oder: "Wegen ihres verschiedenen Einflusses auf die Erregung der geschlechtlichen Lust werden die Körperteile eingeteilt in ehrbare (Gesicht, Hände, Füße), sogenannte weniger ehrbare (Brust, Rücken, Arme, Schenkel), sogenannte unehrbare (Geschlechtsteile und Partien, die ihnen sehr nahe sind)." Auch für das Küssen weiß der Kapuziner Rat: "Küsse, die mit Heftigkeit oder längere Zeit oder wiederholt geschehen, sind leicht eine Todsünde . . . Küsse an unehrbaren oder weniger ehrbaren Teilen sind Todsünde. Ebenso sind Zungenküsse gewöhnlich Todsünde".

Die Geistlichen, die von solchen Regeln geprägt sind, amtieren noch, und die Eltern, die als Kinder von solchen Geistlichen unterrichtet und zur Beichte angeleitet wurden, erziehen heute unsere Kinder. Kein Grund also, diese Zeugnisse schlimmster ekklesiogener Neurosen gnädig in den Papierkorb zu werfen! Sie wirken in der Bevölkerung der Bundesrepublik, die zu fast 50 Prozent aus Katholiken besteht, noch immer beträchtlich nach. So brauchen uns auch erschütternde Anklagen, wie sie z.B. Dagmar Scherf in dem Buch "Der liebe Gott sieht alles" veröffentlicht hat (Scherf/1984) nicht zu verwundern. Sie wollte kein Buch gegen Religion veröffentlichen, "sondern gegen Kirche, gegen Christen, die ihren Auftrag der Kinder- und Nächstenliebe vergessen, die Knebelung statt Befreiung betreiben. Opfer sind sicherlich auch sie – Opfer einer Gesellschaftsform, die zu ihrem Fortbestehen das Unmenschliche zu brauchen scheint und damit das Fortbestehen der Menschen immer bedrohlicher in Frage stellt."

Laßt eure Weiber schweigen

Die christlichen Kirchen in der Bundesrepublik sind noch immer Männerkirchen. Zwar haben die meisten evangelischen Gemeinden auch den Frauen den Zugang zum geistlichen Amt ermöglicht, aber selbst in den unteren Rängen der Hierarchie sind die Männer weit in der Überzahl, von den Kirchenleitungen ganz zu schweigen.

Viel hoffnungsloser sieht es in der römisch-katholischen Kirche aus, die sich auf ähnliche Praktiken der orthodoxen Kirchen berufen kann – nur daß in diesen Kirchen wenigstens die Gemeindepfarrer und die Theologieprofessoren an den Universitäten verheiratet sind und damit ein klein wenig Denken ihrer Frauen in die Männerkirche bringen können. Bei den evangelischen Kirchen ist neben der hart erkämpften Zulassung zum geistlichen Amt ein größerer Einfluß der Frau auch durch deren synodale Strukturen gesichert. In den die Kirche leitenden Synoden erheben die Frauen seit einigen Jahren mit viel Mut und Sachverstand ihre Stimme.

Die Angst vor der Frau im Leben und im religiösen Leben ist vielleicht noch älter als die Angst vor der Sexualität. Dabei wäre die gleichberechtigte Mitsprache und Mitarbeit der Frau in den Kirchen von geradezu existentieller Wichtigkeit für das Heilungswerk des Religiösen am Menschen. Die Theologin und Psychotherapeutin Hanna Wolff meint: "Mit der Humanisierung des allgemeinen Bewußtseins steht es auch heute nicht viel besser als zu Jesu Zeiten. Daß diese immer noch herrisch vorwaltende maskuline Bewußtseinswelt mit Jesus nicht viel anfangen kann, ist freilich kein Wunder. Denn faktisch lehnt jene immer noch gerade die psychischen Werte ab, die Jesus so zentral verteidigt und für ein humanes Menschen- und Gottesbild als unaufgebbar vertritt. Was uns hier interessiert, ist die Tatsache, daß die Psyche selbst zu einer solchen Überwindung (des nur-männlichen Bewußtseins) immer wieder die Anstöße gibt. Die Psyche selbst zeigt, daß der humane Mensch auf mannweibliche Ganzheit angelegt ist" (Wolff/1978).

C.G. Jung hat mit gutem Grund das Modell der psychischen Doppelgeschlechtlichkeit der Biologie entnommen, die uns lehrt, daß die Gene des Menschen doppelgeschlechtlich sind und von den 24 Chromosomenpaaren der eine Satz vom Vater und der andere von der Mutter stammt. In Jungs Erklärungsmodell von der Seele heißt die weibliche Funktion einer männlichen Psyche "Anima" und die männliche Funktion der weiblichen "Animus".

Diese notwendige Doppelgeschlechtlichkeit endet aber nicht in der seelischen Organisation eines menschlichen Individuums. Auch die Organisationen der Menschheit bedürfen dieser gleichwertigen Doppelgeschlechtlichkeit. Was schon die Schöpfungslegende im Buch Genesis des Alten Testaments aussagt: daß der Mensch als Mann und Frau geschaffen wurde, weist auch theologisch darauf hin, daß eine nur männliche oder nur weiblich geprägte und gestaltete Welt nicht das Menschsein in seiner ganzen Fülle ermöglicht. Die Kirche als vorweggenommenes Zeichen einer kommenden heilen (weil geheiligten) Welt ist um so mehr der schöpferischen Ganzheit von Frau und Mann bedürftig.

Der enge Rahmen dieser kleinen Untersuchung über ekklesiogene Neurosen verbietet ein genaueres Eingehen auf die vielfältigen Wurzeln und Formen eines "Patriarchates", das seit vielen Jahrhunderten – und nicht nur auf religiösem Gebiet – Weibliches und ganz konkret die Frau unterdrückt und benachteiligt.

Die Religionspädagogin Gerda Weiler hat in faszinierender Weise die Vorstellung von einem patriarchalen Urmonotheismus als rückwärts gerichtete Projektion entlarvt und damit aus Kenntnis des Alten Testaments eine umfassendere Gottesvorstellung ermöglicht (Weiler/1984).

Wie notwendig die Wiederentdeckung der Frau als wesentliche geistige Potenz menschlichen Denkens und Handelns ist, hat mit sanfter, aber unerbittlicher Logik aus der Zurückgezogenheit seiner Schriftstellerklause der christliche Philosoph Otfried Eberz in seinem Werk "Sophia und Logos" nachgewiesen (Eberz/1983). Daß beide Bücher und die von ihnen behandelten grundsätzlichen Probleme in der Theologie unserer derzeitigen Universitäten so wenig Aufmerksamkeit finden, bestätigt mir nur die Annahme, unser theologisches Forschen, Denken und Lehren sei angstneurotisch auf Männerfragen eingeengt.

Und genau an dieser Stelle wird der fragende Psychotherapeut in die Pflicht genommen. Übersehen wir mit unserer weitgehend von Männern geprägten Psychotherapie unter Umständen Schäden dieser Angst vor der Frau an weiblichen und männlichen Patienten?

Was steckt hinter der sogar statistisch beweisbaren Erfahrung, daß Frauen, die doch nach medizinischer Erfahrung keineswegs wehleidiger sind als Männer, in viel größerer Zahl die Wartezimmer unserer psychotherapeutischen Praxen füllen? Warum sehen wir häufiger bei Frauen als bei männlichen Patienten endogene und exogene Depressionen, Sexualstörungen und Partnerschaftsprobleme?

Ich kenne die Erklärungsveruche meiner männlichen Kollegen (meine eigenen gehören auch dazu), und ich muß mich um der Redlichkeit meines psychoanalytischen Standpunktes willen fragen, ob wir unsere diagnostische Wahrnehmungsfähigkeit nicht von vorneherein durch kulturell und religiös überkommene Vorurteile unerlaubt eingeengt haben.

Auch unsere Seelsorger in den verschiedenen Kirchen machen sich doch viel zu wenig Gedanken, ob hinter vielen Verhaltensstörungen ihrer weiblichen und männlichen Klienten nicht vielleicht die Angst des Mannes vor der Frau steht.

Der Angsttraum eines homosexuellen Priesters kommt mir hierzu in den Sinn: Eine riesige Kirche wird mitten in der Nacht von vieltausend schreienden Menschen umringt. Ihr dicker großer Turm ist – obwohl sie sonst in feinster Gotik verästelt erscheint – von einer derben roten Barock-Zwiebel gekrönt, die in den Himmel sticht. Darauf hat sich der riesengroße, freundlich lächelnde, aber alles erstickende Vollmond aufgespießt, der auf die Erde fallen wollte. Aus dem ovalen Kirchenportal, das von strahlenden goldenen Zacken umgeben ist, stürzen schreiend nackte junge Männer, die von einem fast entblößten, tänzelnden Auferstandenen verfolgt werden.

Bei den Assoziationen zum Kirchenportal fällt dem Klienten dann plötzlich der Schoß einer Frau ein, aus dem auch Kinder herausgetrieben werden und der "wohl genauso miefig riecht wie der ganze Kirchenraum, der von alten Weibern erfüllt ist." Auch der Ausdruck "Vagina dentata" kommt dem Klienten in den Sinn. Der Patient, der neben psychoanalytischer Behandlung auch ärztliche Betreuung erfuhr, verlor den Zwang zu homosexuellen Handlungen übrigens schneller bei Einnahme eines Thymoleptikums als bei der vorher versuchten Medikation mit einem Neuroleptikum. Am Ende seiner Psychoanalyse akzeptierte der junge Geistliche bisexuelle Neigungen, die er ohne Gefährdung seiner beruflichen Laufbahn und ohne große Bindungsfähigkeit an ein personales Du für sich zufriedenstellend regelt.

Zu überlegen wäre auch, ob die neurotisierende Wirkung mancher evangelischer Pfarrersehen nicht auch auf das in den Kirchen weitverbreitete Frauen-Unbild zurückzuführen ist. Der evangelische Theologe und Sozialpädagoge Ernst Klee, der mit einer aktiven evangelischen Pfarrerin verheiratet ist und deshalb nicht in der Pfarrarbeit, sondern in der Behindertenarbeit tätig ist, hat mit seinem Büchlein "Gottesmänner und ihre Frauen" dazu recht interessante Denkanstöße gegeben (Klee/1979).

Klee, der von sich selber sagt: "Ich bin eine männliche Pfarrfrau" und von seinem zuständigen Bischof, dem Kirchenpräsidenten Helmut Hild aus Darmstadt deshalb ein Anerkennungsschreiben mit der Anrede "Wertgeschätzter Herr Pfarrerin!" erhielt, meint zum Problem der Pfarrfrauen: "Die Geschichte der Pfarrfrauen ist eine Geschichte der Unterdrückung der Frau. Von ihr wird geradezu hündischer Gehorsam verlangt. Stets müssen die Frauen ihre Männer trösten, willig und bereit sein, rein und duldsam, nie unfreundlich." Nach Studium eines Standardwerkes für das Leben der evangelischen Pfarrfrau ("Spiegel edler Pfarrfrauen", 3. Auflage, 1865) urteilt Klee abschließend: "Sieht man sich den Spiegel edler Pfarrfrauen an, so findet man edelste Dummerchen, willige Seelchen, dienstbare Küchengeister. Es sind dümmliche wie liebliche Anhängsel des Mannes. Sie bewachen die Studierstube, lechzen nach edler Manneszucht und lassen keine Predigt des Pfarrherren aus. Sie tragen je dutzendweise Kinder aus, dem Verehrten und Angehimmelten zum Dankopfer. Und tobt er auch wie ein brüllender Löwe, eine Pfarrfrau bleibt sanft wie ein Lämmlein."

Die Tatsache, daß ich auch künftig so sehr von meiner eigenen Pfarrfrau abhängig bin wie ich an ihr hänge, und daß ich auch weiter die Gastfreundschaft manch liebenswerter Gattin der Kollegen genießen möchte, veranlaßt mich zu der ausdrücklichen Feststellung, daß ich nur ein Zitat wiedergegeben habe und daß das besprochene Anstandsbuch schon 120 Jahre alt ist. Man sollte es höchstens dann einmal wieder zum Vergleich aus der Schublade ziehen, wenn es in einer Pfarrersehe ernsthaft kriselt. Und das soll zur mitfühlsamen Genugtuung des katholischen Amtsbruders da und dort der Fall sein.

In der Praxis des Psychotherapeuten sieht freilich die Geringschätzung der Frau so heiter nicht aus. Nicht nur evangelische Pfarrfrauen sind mir als Opfer dieser Massenneurose begegnet. Ich denke an mehrere sehr intelligente junge Mädchen, die katholische Theologie studierten und bis zur Ausprägung homosexueller Tendenzen während ihres Hochschulstudiums immer viriler und dabei aggressiver gegen Männer und Männerkirche wurden. Eine Theologiestudentin sagte mir einmal nach einer der fruchtlosen Diskussionen um die Zulassung der Frau zum katholischen Priesteramt: "Noch nicht einmal der Spruch von den 3 K stimmt, daß Frauen nur für Küche, Kinder und Kirche da seien. Es müßte 4 K heißen: Küche, Kinder und Kirche kehren."

Die Angst der männlichen Amtsträger vor der Frau besteht seit dem Werden der ersten Christengemeinden und zeigt sich schon in der benachteiligenden Schilderung der Frauen um Jesus in den Evangelien. Besonders deutlich ist das in einigen Apostelbriefen, die Paulus zugeschrieben werden, einem Mann, der den Umgang Jesu mit den Frauen gar nicht selbst miterlebt hat. Besonders häufig werden von Theologen aller Schattierungen die Aufforderungen der Paulusbriefe zitiert: "Die Weiber seien untertan ihren Männern!" (Eph. 5,22) und "Lasset eure Weiber schweigen in der Gemeinde!" (1. Kor. 14,34), ja sogar: "Das Weib fürchte den Mann!" (Eph.5,33). Moderne Bibelübersetzungen klingen etwas weniger anstößig, lesen sich im Kontext ja auch ein wenig abgerundeter, meinen aber letztendlich immer noch das Gleiche.

Spätestens an dieser Stelle wird ein Autor, der solches feststellt, nicht mehr nur von römisch-katholischen Eiferern, sondern auch von bibelfesten evangelischen Fundamentalisten zu den armen Irrgläubigen gezählt, weil er doch am gedruckten "Wort Gottes" Kritik übt.

Es steht fest, daß Jesus auch der Frau ein wichtiges Verkündungsamt übertrug, als er ausgerechnet die entscheidende Botschaft der Kirche, das Zentrum christlichen Glaubens und Hoffens drei Frauen anvertraute: die Nachricht von seiner Auferstehung. Selbst im sogenannten Urevangelium der Gemeinde von Jerusalem, das zum semitischen Kernstück des erst 70 nach Christus niedergeschriebenen Markusevangeliums wurde (vgl. Pesch/1979) gibt es daran kein Zweifeln. Die Frauen sollten den Aposteln die Auferstehung predigen, nicht umgekehrt. Bemerkenswert ist allerdings der Schlußsatz dieses Evangeliums der Urgemeinde: "Sie konnten es aber niemand sagen, denn sie fürchteten sich!" Müßig, darüber zu streiten, was nun umweltbedingtes menschliches Verhalten und was der Wille Jesu war.

Es würde zu weit führen, bei einem Gang durch die Kirchengeschichte das tausendfache neurotische Denken immer wieder aufzuzeigen, das die Frau auch im Raum des christlichen Glaubens, in dem es nach Feststellung des echten Paulusbriefes an die Galater (3,28) "weder Sklaven noch Freie, weder Weib noch Mann", sondern nur gleichberechtigte Erben der göttlichen Verheißung gibt, dennoch zurücksetzte, je erniedrigte. Zwei Beispiele von Theologen, die in unseren Kirchen heute noch maßgeblichen Einfluß ausüben, mögen genügen.

Der Dominikanermönch Thomas von Aquin, nach dessen "scholastischer Theologie" sich auf päpstliche Anordnungen alle kirchlichen Hochschullehrer auszurichten haben und hatten, hielt die Frau für einen "verstümmelten Mann", deren Zeugung "wie die von anderen Mißgeburten" dem Zufall zuzuschreiben sei. Zu bedenken sei dabei höchstens, daß es vermutlich dann zur Zeugung eines Mädchens anstatt eines Jungen komme, wenn die "aktive Kraft" des Mannes durch "Schwächung der männlichen Potenz" behindert werde, oder wenn durch "Indisposition" der von der Frau zur Zeugung bereitgestellten "Materie" dieser Mißerfolg verschuldet werde. Aus der biologischen Minderwertigkeit der Frau zieht der katholische Theologe den Schluß, daß die Frau der Leitung durch den Mann bedürfte, weil dieser eine "vollkommenere Vernunft" (ratio perfectior) besitze: "Durch die ökonomische oder bürgerliche Unterwerfung ist die Frau dem Mann von Natur aus unterstellt . . . denn die rechte Ordnung verlangt, daß der Klügere die Führung übernimmt" (STh I 92,1 ad 2).

Der Kirchenlehrer Augustinus, auf dessen Theologie sich nicht nur Katholiken, sondern vor allem auch evangelische Kirchen berufen, machte sich in seinen Confessiones zwar sehr viel Ge-

wissensbisse wegen eines Birnendiebstahls, den er mit Kamera-
den als Sechzehnjähriger begangen hatte, aber er beschrieb es fast
als einen für ihn schmerzlichen Tugendakt, daß er seine langjäh-
rige Geliebte, mit der er wie in einer Ehe zusammenlebte und ein
Kind zeugte, aus dem Haus warf, weil seine Mutter es so wollte.
Der uneheliche Sohn des späteren Bischofs und Heiligen starb
dann auch schon mit 15 Jahren, während sich Augustinus noch
einmal eine Bettgenossin anlachte, aber diesmal zu jung, als daß
man sie heiraten könnte (vgl. Leist/1972).

Es mag sein, daß die Psychologin Berit Latza, die mit einem Sti-
pendium der "Carl-Duisberg-Gesellschaft" den Sextourismus in
den Jahren 1985 und 1986 untersuchte, Katholiken verletzte, als
sie darauf hinwies, daß für die durch Hilflosigkeit erzwungene
Prostitution der Frauen in Thailand vor allem auch die Frauen-
ideale des Buddhismus und des Katholizismus und für die Prostitution der philippinischen Frauen vor allem die katholischen
Normen ihrer Erziehung eine Mitschuld trügen: "Die katholische
Religion hat mit ihrer Sexualitätsabwehr, ihrer Frauenaufteilung
in gute asexuelle Madonnen, die man heiratet und schlechte sexuelle Huren, die man hin und wieder für die niedrigen Triebe benötigt, und nicht zuletzt auch mit ihrer Monogamieforderung
einen nicht unerheblichen Beitrag zum Entstehen der Prostitution
geleistet. Da die katholische Kirche eine untergeordnete Stellung
der Frau religiös rechtfertigt und die Unterwürfigkeit von Frauen
als Ideal propagiert, werden Fatalismus und eine masochistische
Opferhaltung bei Frauen verstärkt, was eine wesentliche Voraussetzung für den unkeuschen Lebenswandel in der Prostitution ist,
den man eigentlich gerade vermeiden wollte" (Latza/1987).

Was Luise Rinser in ihrem lesenswerten Büchlein "Unterentwik-
keltes Land Frau" beschreibt, muß jeden Pastoralpsychologen,
jeden Psychotherapeuten drängen, zur Verhütung weiterer Neurosen bei einzelnen Patienten wie ganzen Populationen über das
Gleichgewicht von Mann und Frau nachzudenken. Luise Rinser
meint: "Die Frau, jahrhundertelang oft in kindlicher Abhängig-

keit vom Mann gehalten, hat große Angst vor dem Erwachsen-werden." Sie nehme zwar gerne manche von einzelnen mutigen Frauen erkämpfte Freiheiten an, kehre aber dann doch immer wieder "ergeben in ihr Schicksal zurück, ohne zu begreifen, daß dieses Schicksal kein privates ist, sondern das allgemeine der Frau von heute." Und was die ekklesiogene Neurotisierung betrifft, stimme ich Frau Rinser zu, wenn sie schreibt: "Der allgemeine Trend unserer Zeit zum Konservativen, die Angst der Kirche vor dem Verlust ihrer historisch entstandenen patriarchalen Autorität und eine gewisse Kampfesmüdigkeit der in jeder Hinsicht überforderten Frauen spielen zusammen, um Notwendig-Neues nicht weiter um sich greifen zu lassen."

Weiter konstatiert Frau Rinser: "Man glaube nur nicht, daß diese Unsicherheit nicht auch den Mann ergriffen habe. Es ist ja seine Unsicherheit, welche die der Frau bewirkt. Der Mann tut nur noch so, als wisse er genau, was er wolle und solle und als habe er nicht den geringsten Zweifel an der natürlichen und gottgewollten autoritären Rolle, die er spielen soll. Tatsächlich weiß er nicht aus noch ein" (Rinser/1970).

Der Schüler von Wilhelm Reich und Promotor der bioenergetischen Psychotherapie Alexander Lowen hat fast gleichzeitig im nichtkirchlichen Bereich die gleiche Beobachtung gemacht wie Frau Rinser im Raum ihrer römisch-katholischen Kirche. Im achten Kapitel seines Buches "Depression – unsere Zeitkrankheit" schreibt er: "Es trifft zu, daß das patriarchalische Prinzip heute in einer Krise steckt. Es ist durch Wissenschaft und Technologie so übermäßig ausgedehnt worden, daß es wahrscheinlich kurz vor dem Zusammenbruch steht. Aber bis dahin und solange das matriarchalische Prinzip seinen ihm zustehenden Platz als gleicher, aber polarer Wert noch nicht wiederbekommen hat, steht zu erwarten, daß die Depression in unserer Kultur endemisch wird."

Veränderung statt Ende

In seinem 1977 bei der zweiten Fortbildungstagung für praktische Sexualmedizin in Heidelberg gegebenen Rückblick hoffte
Eberhard Schaetzing, der "Taufpate" des Begriffes "ekklesiogene Neurose" (Schaetzing/1977), diese 1955 von ihm besproche-
nen Sexualstörungen würden inzwischen dank größerer sexueller Offenheit zurückgehen. Dies mag bezüglich gynäkologischer
psychosomatischer Störungen und bezüglich typischer Sexualstörungen der Fall sein. Wenn man aber den Begriff der "ekklesiogenen Neurose" etwas weiter faßt, muß man – zumindest war
das der Eindruck in meiner Praxis – eher feststellen, daß sich die
ekklesiogenen Neurosen dafür häufiger anders manifestieren.

Sie tauchen unabhängig von Konfessionen in kirchlich noch
etwas gebundenen Familien und gerade in Familien mit einer nur
mehr konventionell verstandenen und geübten Religiosität in
immer neuen Formen auf. Man muß sicher "die Kirche im Dorf"
lassen: An wohl keiner einzigen "ekklesiogenen Neurose" ist
kirchlicher Einfluß allein schuld, immer spielen auch das Eltern-
haus und die Umgebung des Kleinkindes eine entscheidende
Rolle. Aber auch diese Umgebung und diese Elternhäuser wurden
ja einmal kirchlich geprägt und eventuell neurotisiert. Das macht
"ekklesiogene Neurosen" so beständig – über den derzeit schwin-
denden Einfluß der Kirchen hinaus. "Finis libri, non finis quae-
rendi" (Bernhard von Clairvaux).

Quellenverzeichnis

Die in der Arbeit zitierte Literatur ist jeweils beim Text mit dem Verfassernamen und dem in diesem Verzeichnis angeführten Erscheinungsjahr des betreffenden Buches angegeben.

Albertus-Magnus-Kolleg: Katholischer Kurz-Katechismus gemäß dem Directorium Catechisticum Generale, Rom-Vatikan 1971, Königstein, 1. Auflage 1975, 17. Auflage 1986

Bartholomäus, Wolfgang: Glut der Begierde, Sprache der Liebe, unterwegs zur ganzen Sexualität. München 1987, ISBN 3-466-36268-7

Biser, Eugen: Theologie als Therapie, zur Wiedergewinnung einer verlorenen Dimension. Heidelberg 1985, ISBN 3-88463-058-X

Bovet, Theodor: Die Angst vor dem lebendigen Gott – Eine allgemeine Pathologie der Religion. Bern 1948

Denzler, Georg: Die verbotene Lust – 2000 Jahre christliche Sexualmoral. – München 1988, ISBN 3-492-02534-X

Deschner, Karlheinz: Das Kreuz mit der Kirche – Eine Sexualgeschichte des Christentums. Düsseldorf 1974, ISBN 3-453-00697-6

Drewermann, Eugen: Strukturen des Bösen. Die jahwistische Urgeschichte in exegetischer, psychoanalytischer und philosophischer Sicht. 3 Bände, Paderborn 1981

Eberz, Otfried: Sophia und Logos – oder die Philosophie der Wiederherstellung. München, 3. Auflage 1983

Frankl, Viktor E.: Das Leiden am sinnlosen Leben – Psychotherapie für heute. Wien 1977, ISBN 3-451-07615-2

Freud, Sigmund: Zwangshandlungen und Religionsausübung. 1907, Stud. Ausg. Bd. VII

Gastager, Heimo, u.a. (Hrsg.): Praktisches Wörterbuch der Pastoral-Anthropologie. Göttingen 1975, ISBN 3-525-62153-1

Görres, Albert: Pathologie des katholischen Christentums. In: Handbuch der Pastoraltheologie. Freiburg 1966, und: Methode und Erfahrung der Psychoanalyse. München 1961

Goldbrunner, Josef: Personale Seelsorge, Tiefenpsychologie und Seelsorge. Freiburg 1954

Goldmann-Posch, Ursula: Unheilige Ehen – Gespräche mit Priesterfrauen. München 1985, ISBN 3-426-03916-8

Gründel, Johannes: Die Zehn Gebote in der Erziehung. München 1979, 3. Auflage, ISBN 3-7926-0057-9 und: Die Entfaltung des kindlichen Gewissens. München 1978, 3. Auflage, ISBN 3-7926-0042-0

Hark, Helmut: Religiöse Neurosen – Ursache und Heilung. Stuttgart 1984, ISBN 3-7831-0735-0

Heiler, Friedrich: Das Gebet. München 1969, 5. Auflage

Herrmann, Horst: Die sieben Todsünden der Kirche. München 1976, ISBN 3-499-17142-2

Hippius, Hanns, u.a. (Hrsg.): Angst – Leitsymptom psychiatrischer Erkrankungen, Berlin/Heidelberg 1988 , ISBN 3-540-18228-4

Jone, Heribert: Katholische Moraltheologie unter besonderer Berücksichtigung des Codex Iuris Canonici. Paderborn 1937

Kirchmayr, Alfred: Befreiung in Zwängen – Tiefenpsychologische Einsichten in die Befreiungshindernisse und -Prozesse. In: 13. Rundbrief Christenrechte in der Kirche, Frankfurt 1987

Klee, Ernst: Gottesmänner und ihre Frauen. Frankfurt 1979

Latza, Berit: Sextourismus in Südostasien. Frankfurt 1987, ISBN 3-596-23891-9

Leist, Fritz: Der sexuelle Notstand und die Kirchen, Christen berichten dem Psychologen über ihre Erfahrungen. Freiburg 1972, ISBN 3-451-01923-X, dazu: Der Spiegel Nr. 24 vom 5. Juni 1972

Mann, Ulrich: Einführung in die Religionspsychologie. Darmstadt 1973, ISBN 3-534-05658-2

Moser, Tilmann: Gottesvergiftung. Suhrkamp 1976, ISBN 3-518-37033-2

Mynarek, Hubertus: Eros und Klerus – vom Elend des Zölibats. München 1978

98

Pesch, Rudolf: Das Evangelium der Urgemeinde. Freiburg 1979, ISBN 3-451-07748-5

Pfister, Oskar: Das Christentum und die Angst. Zürich 1944, vergleiche auch: Tillich, Paul: Der Mut zum Sein. 1954, und die Arbeiten von Riemann, Fritz: Grundformen der Angst. München 1975, sowie Fromm, Erich: Haben oder Sein. Stuttgart 1976

Pfürtner, Stephan H.: Kirche und Sexualität. Reinbek 1972

Ranke-Heinemann, Uta: Eunuchen für das Himmelreich. Katholische Kirche und Sexualität. Hamburg 1988, ISBN 3-455-08281-5

Ringel, Erwin: Interview in der Herder-Korrespondenz 4, 1978, Seite 177 ff.

Rinser, Luise: Unterentwickeltes Land Frau. Würzburg 1970, ISBN 3-596-23799-8

Rudin, Josef (Hrsg.): Neurose und Religion – Krankheitsbilder und ihre Problematik. Freiburg 1964

Schaetzing, Eberhard: Die ekklesiogenen Neurosen – Ein Begriff, seine Definition und Geschichte. In: Sexualmedizin 6, Wiesbaden 1977

Schär, Hans: Seelsorge und Psychotherapie. Zürich 1961

Scharfenberg, Joachim: Einführung in die Pastoralpsychologie. Göttingen 1985, ISBN 3-525-03261-7

Scherf, Dagmar (Hrsg.): Der liebe Gott sieht alles – Erfahrungen mit religiöser Erziehung. Frankfurt 1984, ISBN 3-596-23844-7

Schlederer, Franz: Schuld, Reue und Krankheit. München 1970

Scholl, Norbert: Kleine Psychoanalyse christlicher Glaubenspraxis. München 1980, ISBN 3-466-20195-0

Söderblom, Nathan: Das Werden des Gottesglaubens. Deutsche Ausgabe, Leipzig 1926, 2. Auflage

Stadter, Ernst: Psychoanalyse und Gewissen. Stuttgart 1970

Stollberg, Dietrich: Wenn Gott menschlich wäre. Auf dem Wege zu einer seelsorgerischen Theologie. Stuttgart 1978, ISBN 3-7831-0559-5

Suttner, Ernst Chr. (Hrsg.): Buße und Beichte – Drittes Regensburger Ökumeni-
sches Symposion, herausgegeben im Auftrag der Deutschen Bischofskonferenz,
Regensburg 1972, ISBN 3-7917-0332-3. Vgl. dazu auch meinen Beitrag in diesem
Sammelband, Seite 89, sowie den Beitrag von Joseph Ratzinger, Seite 21

Taylor, Gordon Rattray: Sex in History. London/Thames and Hudson 1953, Deut-
sche Übersetzung und Neubearbeitung Frankfurt 1970: Im Garten der Lüste,
Herrschaft und Wandlungen der Sexualität. Mit einer Einleitung von Alexander
Mitscherlich

Thomas, Klaus: Bericht vom 8. Welt-Kongreß für Sexologie. In: Dokument und
Analyse Nr. 12, München, Dezember 1987

Weiler, Gerda: Ich verwerfe im Lande die Kriege – Das verborgene Matriarchat
im Alten Testament. München 1984, ISBN 3-88104-140-0

Weiler, Gerda: Der enteignete Mythos – Eine notwendige Revision der Archety-
penlehre C.G. Jungs und Erich Neumanns. München 1985, ISBN 3-88104-148-6

Wobbermin, Georg: Systematische Theologie nach religionspsychologischer
Methode. Bd. 1 – 3, Leipzig 1913 ff.

Wolff, Hanna: Jesus als Psychotherapeut. Stuttgart 1978, ISBN 3-87173-531-0
und: Neuer Wein – Alte Schläuche, das Identitätsproblem des Christentums im
Lichte der Tiefenpsychologie. Stuttgart 1981, ISBN 3-87173-590-6

Zahrnt, Heinz (Hrsg.): Jesus und Freud. München 1972, ISBN 3-492-00329-X

ZDF: Das Kirchen- und Religionsverständnis von Katholiken und Protestanten.
Eine Repräsentativbefragung im Auftrag der Redaktion Kirche und Leben des
ZDF. München 1988

Angaben zum Verfasser:

Wynfrith Noll, geboren 1928 in München, Studium der Theologie und Psychologie in München, Bonn und Salzburg, Diplomarbeit über ein pastoralpsychologisches Thema, Magister der Theologie der Universität Salzburg, 1956 katholische Priesterweihe, seit 1964 im protestantischen Pfarrdienst, als Psychotherapeut seit 1972 amtlich zugelassen. Von 1977 bis 1987 Referent im Diakonischen Werk Bayern, seit 1987 Vorsitzender eines Trägervereins für zwei Resozialisierungsheime. Nebenamtlicher Dozent für Psychotherapie und Sonderpädagogik am Städtischen Bildungszentrum Nürnberg.

Bücher aus dem Socio-medico Verlag

Adolphe David Jonas

Orientierungshilfen zur Psychotherapie in der Allgemeinpraxis
Archaische Relikte in psychosomatischen Symptomen

104 Seiten, broschiert, DM 29,80 inkl. MwSt. zuzüglich Porto,
ISBN: 3-88760-026-6, Planegg 1985

Wolfgang Lutz

Cholesterin und tierische Fette
Eine Neubewertung

96 Seiten, broschiert, DM 22,80 inkl. MwSt. zuzüglich Porto.
ISBN: 3 -927290-01-7. Planegg 1988

Walter Schweckendiek

Fumarsäure gegen Schuppenflechte

ca. 70 Seiten, broschiert, DM 18,60 inkl. MwSt. zuzüglich Porto.
ISBN: 3-927290-03-3
erscheint Ende März 1989

Viktor Tobiasch (Herausgeber)

Altern – ein physiologischer und/oder pathologischer Vorgang?

Forschungsinstitut für Sozialmedizin, Prävention und Rehabilitation e.V., Isny-Neutrauchburg, ca. 160 Seiten, broschiert, DM 38,60 inkl. MwSt. zuzüglich Porto. ISBN: 3-927290-04-1 in Vorbereitung; erscheint Frühjahr 1989

Bestellung

Wolfgang Lutz
Cholesterin und tierische Fette.
Eine Neubewertung ...Exemplar(e)

Adolphe David Jonas
Orientierungshilfen zur Psychotherapie
in der Allgemeinpraxis ...Exemplar(e)

Victor Tobiasch (Hrsg.)
Altern – ein physiologischer und/oder
pathologischer Vorgang? ...Exemplar(e)
(nach Erscheinen)

Walter Schweckendiek
Fumarsäure gegen Schuppenflechte ...Exemplar(e)
(nach Erscheinen)

Wynfrith Noll
Wenn Frommsein krank macht ...Exemplar(e)

Absender:

Name

Straße

PLZ/Ort

Stempel/Unterschrift

SMVerlagsgesellschaft mbH
Karlstraße 29

8033 Planegg